ちくま文庫

島津家の戦争

米窪明美

筑摩書房

まえがき

宮崎県都城《みやこのじょう》市は、鹿児島市と宮崎市の中間に位置する南九州の中核都市である。周囲をぐるりと山に囲まれた地形から都城盆地と称されてはいるが、京都のように山が迫ってくるような圧迫感はなく、むしろ平原といったほうがふさわしいほど、広々とした印象を受ける。

雄大な自然を誇るこの地を幕末まで治めていたのが、本書の主人公・都城島津家である。

同家は島津宗家《そうけ》の分家筋にあたる家柄で、藩内最大の私領・都城四万石を背景に、大きな勢力を有していた。東京で生まれ育った私が、この家の歴史に興味を持ったのは『都城島津家日誌』との出会いがきっかけだった。

私がこの本の存在を知ったのは、今から十年以上前のことになる。

その頃私は母校・学習院の総務部秘書課でアルバイトをしていた。仕事内容は五人の理事のもとを訪れる来客へのお茶出しが中心で、たまに当時院長であった島津久厚《ひさあつ》先生の原稿を、パソコンにパチパチと打ち込んでいればよいというものだった。

そんな仕事の中で私が一番気に入っていたのは、島津先生の原稿用の資料を大学図書館で探すこと。先生のもとには幼稚園から大学院までの学校組織、各クラブの同窓会など、学内のありとあらゆる団体から原稿の依頼があった。相手が誰でも、どんなに短い文章でも、島津先生は必ず資料を取り寄せるのが常だった。私はここぞとばかりにわざとゆっくり図書館の中を歩き回り、原稿にはあまり関係のない本を手に取っては見入っていた。

『都城島津家日誌』と巡り合ったのも、このような折だった。

大学図書館の奥にある書庫三階の、幾列も並ぶ書棚の林の一番下の段の隅に、ひっそりとその本はあった。まず題字に目がいった。背表紙の幅いっぱいに広がるたっぷりと墨を含んだ、不揃いでやや右上がりの特徴ある手蹟。毎日のように見慣れた島津先生のそれである。

ごく薄いベージュ色に白菊、黄菊の模様が浮き出している美しい装丁の本は、淡々とした事務日記。しかも明治四（一八七一）年から七十七年間分、八冊もある大部なものだ。

職場に戻った私は、早速島津先生に日誌のことを尋ねた。すると先生はいたずらを見つかった子どものように首をすくめ、「あれは田舎《いなか》侍の事務所の日記です。何かの研究材料にでもなればよい、と考えて出版しました」と照れ笑いをされた。

面白い本だと思った私は、先生ご本人が登場する昭和編二冊を図書館から借りた。久厚少年が青年へと変わってゆくくだりはまるで映画を見るようにリアルだったが、私は段々息苦しくなり読み進むことができなくなってしまう。なにせ登場人物の久厚少年とは毎日会っている間柄、親の若い頃の日記を盗み見ているような感覚にとらわれたのだ。

それから十年ほどが経過し、再びこの本を手に取った。島津先生も院長職を退かれ、私も職場を離れていたので、以前よりも冷静にこの本を読むことができるはず。

ところが……読めなかった。

明治編は日本漢文で書かれているので、その方面の知識のない私にはむずかしい。全八巻の最初の一巻を読み切るのに数ヶ月を要した。それでも、一度日記の世界に入り込めれば面白くなる。現在に近づくにしたがって記述が現代文に変化してゆくこともあり、残りの七巻は二週間ほどで読むことができた。

一読して、「これを基礎資料として本を書いたらさぞ面白いだろうな」と考えたが、しかし同時に、それはとても無理な相談だとも思った。

あまりにも内容が赤裸々《せきらら》すぎる。

自分に都合の悪いことにはあえて触れない個人の日記と異なり、事務所の日誌は当主家にとって良いことも悪いことも区別なく、淡々とした筆致で記してゆく。だからこそ、当主家の内実が手に取るように分かるのだが、プライバシーを大切にする今日では、各方面に差しさわりが出るとも限らない。

だめもとで連絡を取った先生の反応は、私の予想に反して出版に前向きなものだった。こうして私は本書を作成する運びとなったのだが、いざ執筆のため本格的な調査を開始すると、明治以降の都城島津家の様子だけを描いても彼らの本質は伝わらない、と思うようになった。

後に本書で詳しく述べることになるが、薩摩は鎌倉時代より七百年もの間一つの家の支配が続き、人々の暮らしぶりに中世の色合いが濃く残る地域である。そのことを念頭に置かないと、近代以降の彼らの行動の意図がさっぱり理解できない。

そこで方針を転換し、時計の針を戦国時代まで巻き戻して、長い時間の中で都城島津家やその家臣団の生きざまを眺めてゆくことにした。

本書の執筆にあたり、島津久厚、穣子《しげこ》様ご夫妻にはたびたびお目にかかり一族の歴史をご教示頂く機会を得た。これにより史料だけでは分からない、都城島津家とその家臣団の方々の体温のようなものを、加えることが出来たのではないかと考えている。平成二十六年ご夫妻は相次いで逝去された。ご冥福をお祈り申し上げます。

幕末から近代までの都城の歴史については、都城市教育委員会文化財課（当時）の武田浩明氏からお教えを受けた。出版に関しては集英社インターナショナルの佐藤眞氏のお手を煩わせた。佐藤氏の懇切丁寧な指導がなければ、本書は世に出ることはなかっただろう。この場を借りて、厚く御礼申し上げたい。

単行本出版から七年目、思いがけず文庫化の機会に恵まれた。本書の写真、史料の掲載については、都城島津邸（旧島津久厚邸、現在は都城市が所有）副館長山下真一氏に協力を頂いた。最後に、旧版を細かく見直し磨きをかけて下さった筑摩書房の高橋淳一氏に心から御礼申し上げる。

さて、前置きはこれくらいにして、そろそろ都城島津家の歴史を繙《ひもと》いてゆこう。同家の蔵に眠っていた一通の古ぼけた書状にまつわる話から物語は始まる。

平成二十九年十一月

米《よね》窪《くぼ》明《あけ》美《み》

目次

島津家の戦争

『島津家の戦争』関係地図

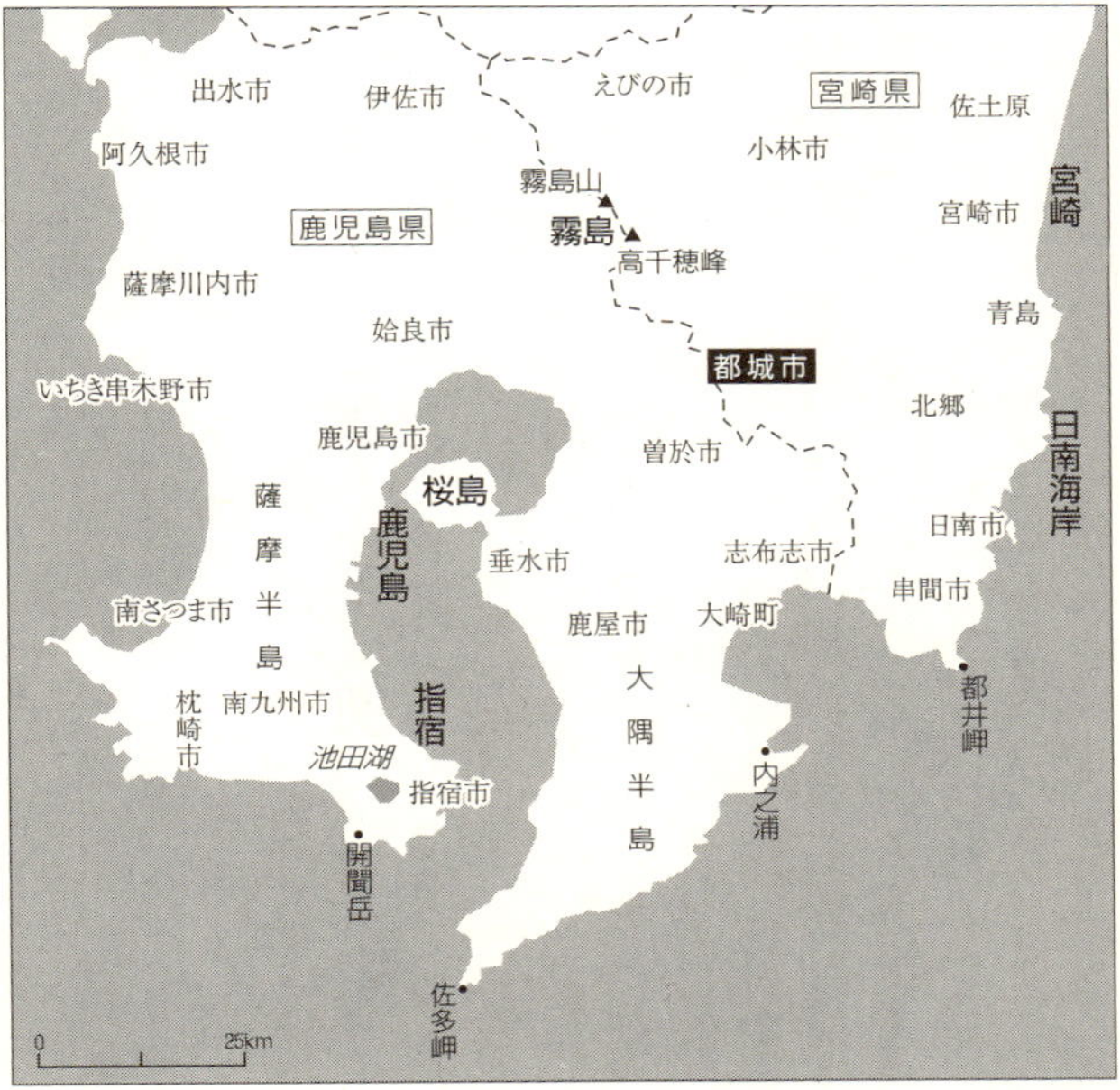

出水市
伊佐市
えびの市
宮崎県
佐土原
阿久根市
小林市
霧島山
宮崎
宮崎市
鹿児島県
霧島
高千穂峰
薩摩川内市
青島
姶良市
都城市
いちき串木野市
北郷
鹿児島市
曽於市
日南海岸
薩摩半島
桜島
鹿児島
日南市
垂水市
志布志市
串間市
南さつま市
大崎町
鹿屋市
大隅半島
指宿
都井岬
枕崎市
南九州市
池田湖
指宿市
内之浦
開聞岳
佐多岬
0
25km

都城島津家関係図

ゴチックは都城島津家当主、点線内は島津宗家

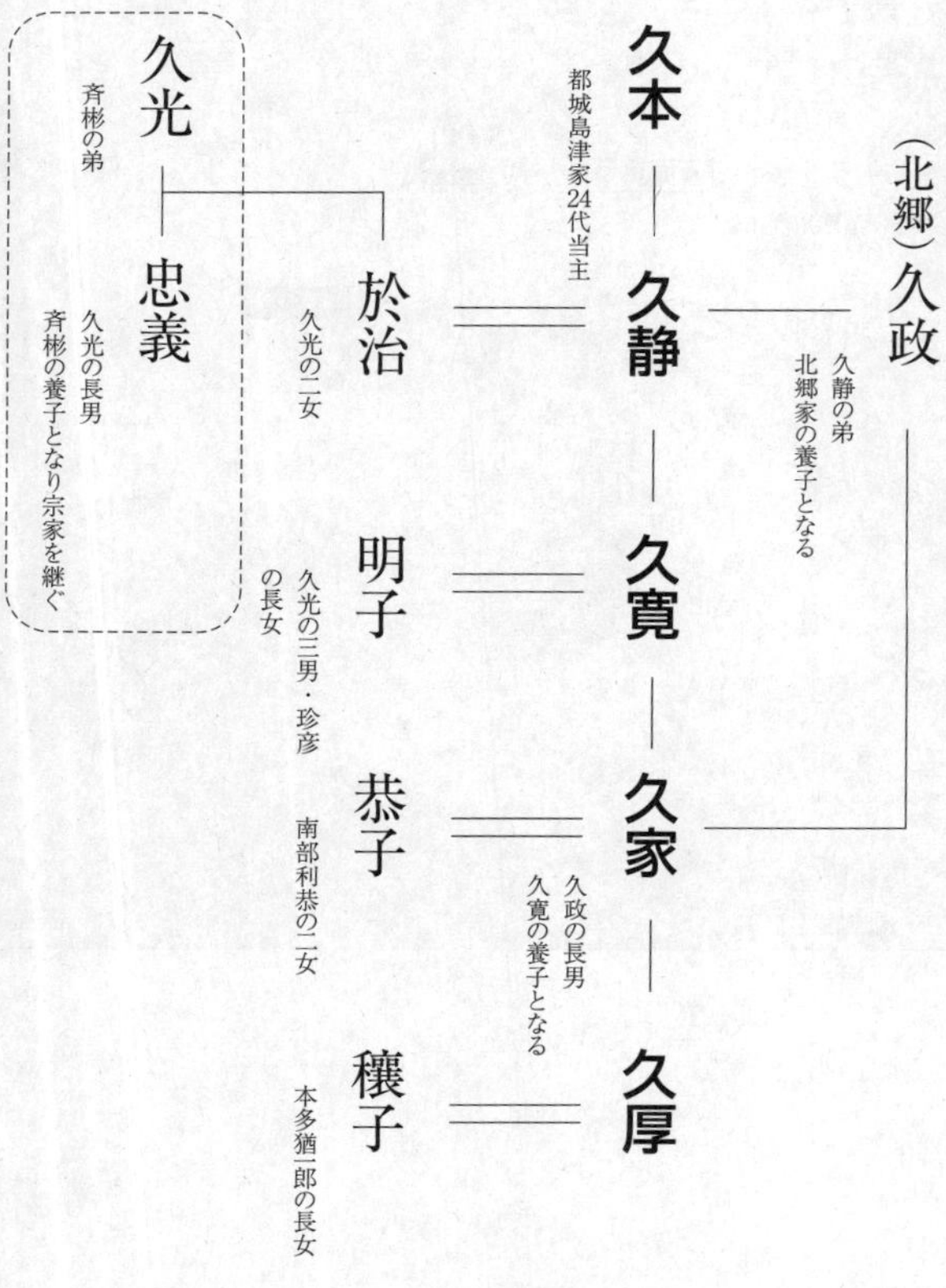

第一章　謎の国書

都城は南国宮崎にありながら「霧のまち」として知られている。内陸性の気候ゆえに一日の寒暖の差が大きく、年間を通して朝霧が発生しやすい。

乳白色のベールが街を包むと、ほんの数メートル先も見えず、通勤を急ぐ車はヘッドライトを点《つ》けてゆっくり走らなければならない。しかし午前九時頃になると、霧海は日差しに溶かされ一瞬にして消える。たちまち視界が晴れ渡り、魔法が解けた街は幻想的な光景から一転して日常のそれに変わってしまう。

平成十六（二〇〇四）年十月、幕末までこの地を治めていた旧領主・都城島津家から同市へ、約一万点もの史料群が寄贈された。

古文書、古記録、絵図や武具など多岐にわたる史料群の解析が進むにつれ、その中に国宝級の書状が含まれていることが分かった。

「琉球国王宛朝鮮国王国書」

日付は明《みん》暦の弘治十三年正月、西暦でいえば一五〇〇年、日本では室町幕府十一代将

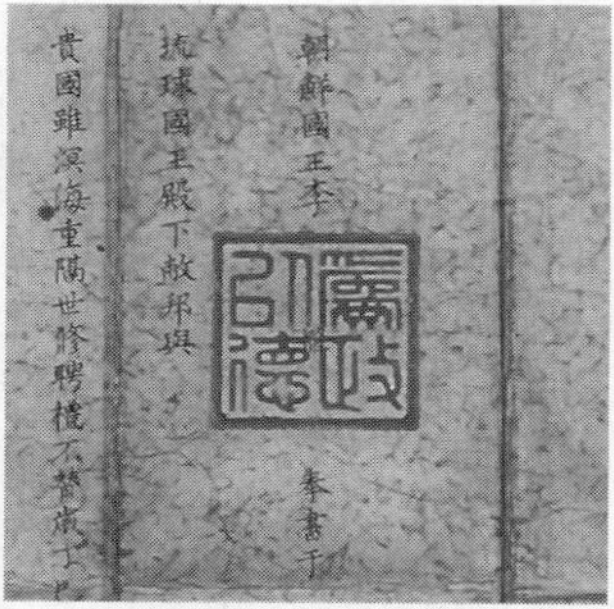
琉球国王宛朝鮮国王国書、部分。重要文化財。（提供・都城島津邸）

軍・足利義澄《よしずみ》の時代にあたる。応仁の乱により幕府の弱体化が明らかとなり、日本各地で戦国大名がうごめきだしていた。関ヶ原の戦いで徳川家康によって天下統一がなされるのは、これからちょうど百年後の話である。

　差出人は朝鮮国王・李㦕《りりゅう》（燕山君《えんざんくん》）、受取人は琉球国王（尚真王《しょうしんおう》）。正式な外交文書である国書は縦五十八・二センチ、横百十八・四センチとかなり大きい。

　楮打紙《こうぞうちがみ》の国書には、次のようなメッセージが書かれていた。

「丁巳《ていし》の歳（西暦一四九七年）、琉球船が朝鮮の南鄙に漂着しました。これを送還しようとしましたが、乗組員十人のうち、すでに六人が病死し、生存者は四名です。折よく対馬《つしま》人が琉球に向かうというので、これに同乗させて送還いたします。また渡航費用として、彼らに食糧を支給しましたのでご確認ください。彼らが旧業に復することができれば幸いに存じます」（『都城地域史研究』第十二号、「都城島津家史料の朝鮮国王国書と野《の》辺《べ》・向井氏」）

　本物であれば日本国内に現存する最古の朝鮮国王国書である。

しかも国内にある朝鮮国王国書のほとんどは、江戸時代に日本に派遣された「朝鮮通信使」が持参したもので、受取人は徳川家の将軍たちだ。都城島津家所蔵の書状のように、宛名が外国（琉球）の君主であるものは他に例がない。

そのうえ国書に登場する二人の国王が、ともに歴史上有名な人物であることも興味をそそる。

差出人の朝鮮王国第十代国王・燕山君（一四七六～一五〇六）は、稀《まれ》に見る暴君としてその名を遺《のこ》していた。

燕山君は第九代国王・成宗《せいそう》と、病的な嫉妬深さにより廃された妃・尹《いん》氏との間に、長男として生まれ、若くして王位に即《つ》く。治世の初めは安定していたが、次第に独裁体制を強め、科挙官僚たちとの対立が深まった。大規模な粛清に不満を募《つの》らせた家臣たちは、異母弟で後の中宗を擁《よう》してクーデターを起こし、燕山君を失脚へ追い込む。そして彼は廃帝とされた。

歴代朝鮮国王は逝去の後、中国風に宗廟の称号で「太宗」や「世宗」などと呼ばれるが、廃帝となった彼は宗廟に祀《まつ》られなかったために「燕山君」と呼ばれているのだという。物語以上に物語的な生涯である。

次いで受取人の尚真王（一四六五～一五二六）だが、こちらは反対に名君としてその名を遺している。

第二尚氏王朝の三代目の王であった尚真王は、琉球の地方権力者を首里《しゅり》に移住させて、その膝下《しっか》に抑え込み、地方へは首里政府から役人を差し向けることで中央集権化を進めた。

また、官職や位階を刷新するなど政治機構の整備も行なった。彼の断行した行政改革により、琉球王朝の体制は盤石なものとなったといえる。首里城正殿高欄《こうらん》に彼自身が刻ませた業績によれば、国民を大切にし、仏教の普及に努め、外交にも貢献したとある。王国の先頭に立ち続けた治世はなんと五十年にも及ぶ。あらゆる意味で尚真王は「大王」であった。

国書は波瀾に満ちた人生を過ごした二人の王の間で交《か》わされるはずのものであったのだ。その国書が、いったいなぜ日本の、しかも内陸の盆地に存在するのだろうか。

都城に思わぬ歴史的遺物があったというニュースは、驚きをもって受け止められた。ことに研究者の関心が高く、市へは問い合わせが殺到した。たちまち彼らの間で論争が起き、なかには国書を偽物と唱える説もあった。

論議に終止符を打ったのは、日韓歴史共同研究委員会第二分科会の調査結果である。

同委員会は平成十三（二〇〇一）年十月の日韓首脳会議（小泉純一郎総理、金大中大統領）の合意に基づき、両国の相互理解のために発足した。両国外務省主幹のもと、双方の学者や研究者が日韓関係史について共同で調査・研究を行なった。

第二分科会（中・近世）日本側委員は、国内に現存する二十五点の朝鮮国王国書に関する科学的分析作業を行ない、料紙の重量、質、形状、印の形態などから見て、都城島津家所蔵の書状を本物と確認したのだ。

めでたく国書は本物と分かった。

しかし、なぜ都城にあったのか――秘密を解く鍵は旧領主・都城島津家とともに歩んできた地域の歴史の中に隠されていた。


都城島津家は、文和《ぶんな》元（一三五二）年島津宗家《そうけ》（本家）の四代当主・島津忠宗《ただむね》の六男・資忠《すけただ》が軍功により足利将軍家から日向国荘内北郷《しょうないほんごう》三百町を与えられたことに始まる。江戸初期に島津宗家の命で島津姓に復するまで、資忠以来、家号として「北郷《ほんごう》」姓を名乗っていたが、本書では煩瑣《はんさ》を避けるために一貫して都城島津家と表記する。

資忠の入部《にゅうぶ》以来、都城島津家は、一時的に別の場所へ移った時期があるものの、幕末まで五百年余りにわたりこの地域を支配することになるのだが、資忠の時代から二世紀余りを経た天正《てんしょう》元（一五七三）年、この都城島津家に転機が訪れる。

第十代当主・時久《ときひさ》が大隅地域に勢力を持っていた肝付《きもつき》氏を破り、その軍功により宗家より恒吉《つねよし》（現在の鹿児島県曽於《そお》市）、永吉《ながよし》（現在の鹿児島県大崎町）、内之浦《うちのうら》（鹿児島県肝付町）を与えられたのである。

要するに、都城島津家は外海へと繋がる港を手に入れたということだ。そして、その内之浦は福建や広東など、中国東南沿海域からの唐船の渡来地であった。

現在ではＪＡＸＡ（独立行政法人 宇宙航空研究開発機構）のロケット発射基地があることで知られる内之浦は、この頃、中国東南海域、琉球、ルソン島を結ぶ東アジア貿易圏の拠点の一つであった。今では宇宙への港になっている内之浦は、当時は明や南蛮国へと繋がる貿易港だったのだ。

内之浦湾から志布志《しぶし》湾南部にかけての地域を影響下に置いた都城島津家は、これ以降、海外貿易に積極的に乗り出してゆくことになる。

平らな船底と、木や竹で編んだ四角い大きな帆が特徴的な中国のジャンク船が姿を現わすと、ハチミツにたかる蟻のように、内之浦の浜へ向かい人々が飛び出してくる。数か国語を操る抜け目のない海商たちとの値段交渉が終わると、砂糖、陶磁器、鮮やかな色彩の絹織物など珍しい品々が船底から引き出された。

内之浦を手中に収めたことで、都城島津家が得たものは大きかったはずだ。この時期、九州の海上交通に深くかかわっていた人々の中には、破竹の勢いで領土を拡大した都城島津家の配下となる者たちが後を絶たなかった。

ここに都城島津家が朝鮮国王国書を手に入れた秘密が隠されていた。

都城島津家所蔵文書目録によれば、国書は寛延三（一七五〇）年、家臣・向井新左衛門より献上されている。向井氏は本家筋の野辺氏とともに海上交通で活躍した一族で、十六世紀後半つまり都城島津家が内之浦を治めていた時に家臣団に加わった。残された史料から細かな事実を手繰り寄せ調べてゆくと、国書はもともと中世期後半に櫛間《くしま》（現在の宮崎県串間市）の領主であった野辺氏が手に入れたもので、分家筋の向井氏に渡り同家で所蔵されたのち、最終的に都城島津家の蔵に入ったことが分かった。

では、野辺氏はどのようにして国書を手に入れたのだろうか。

恐らく国書は朝鮮王国から送還される琉球人が乗り合わせた対馬人の船から、海賊とおぼしき何者かによって略奪されたものであろう。

先ほども記したように、国書の内容は遭難事故処理に関する事務的なものである。最初から国書目当てに船が襲われたとは考えにくい。略奪者の目的は対馬人の船の積荷に違いない。たまたまその船に、国書があったというだけのことだろう。

当時の東シナ海には倭寇と呼ばれる海賊たちがいた。「倭寇」とは「日本の海賊」という意味だが、その実態はいわば寄り合い所帯、多国籍にまたがる犯罪組織のようなものであった。そうはいっても、倭寇の中には日本列島の島々に拠点を持っていた者もいたので、まったくの「偽日本人」というわけではない。彼らの中には日本人の武士の強さにあやかるためなのか、丁髷《ちょんまげ》を結っていた者もいたという。

だが、倭寇によって奪われたとしても、そこから先が分からない。略奪された国書がどのような経緯で野辺氏に渡ったのかという点については、いまだ不明のままである。

しかし、当時の東アジア地域の情勢を知れば、この国書がなぜ出され、そしてなぜ都城にまで届いたかは、それほど不思議なことではない。

当時、中国大陸を支配していた明朝《みん》は海禁政策を布《し》いていた。

明《みん》の皇帝は国内の反明勢力と海賊との結びつきを恐れて、自国民に他国との海上貿易を禁じ、外国の朝貢船のみに入港を許した。いわば条件付きの鎖国である。

しかも朝貢船は好きな時に好きな場所へ行けるわけではなく、国ごとに時期や入港場所の指定があった。たとえば日本は十年に一度、浙江《せっこう》省寧波《ニンポー》から入港するようにと定められていた。このように国同士の厳しい取り決めが交わされる一方で、盛んになっていったのが密貿易である。

十六世紀初頭、東アジアの貿易市場をさらに活気づける事件が起こる。ポルトガルのアジア進出である。一五一〇年、ポルトガルはインドのゴアを占領。その後セイロン島、マラッカ、モルッカ諸島が次々とポルトガルの手に落ちていった。

ポルトガルの得た果実の中で、ことに重要なのはマラッカだった。マラッカは南シナ海とインド洋を結ぶ海上交通の要所だ。ポルトガルがこの港を押さえたことで、ヨーロッパと東アジアが一つに繋がった。

ポルトガルはマラッカを拠点に東アジア貿易にも乗り出した。ちなみに東アジアの輸出品のなかで、特にヨーロッパからの需要が高かったのは日本の銀だ。日本の銀は石見《いわみ》銀山の発見と灰吹き法と呼ばれる精錬法の導入により飛躍的に産出量が増大し、日本は新大陸アメリカに次ぐ世界第二位の銀産出国となっていた。

一連の動きのなかで、海上交通の花形に躍り出たのが琉球だった。

琉球はもともと東シナ海と南シナ海を結ぶ役目を果たしてきた。ポルトガルがマラッカを占領したことにより、自国の物産はもちろん、中国、朝鮮、日本など東アジア諸国の商品をマラッカに持ち込み、反対にインドやジャワ諸島、ヨーロッパの商品を持ち帰ることが可能になった。琉球に世界中の品物が集まるようになったのだ。

この恩恵にあずかったのが薩摩であり、対琉球貿易の入口の一つが都城島津家所有の内之浦であった。

従来、日本は明国との窓口を博多に設けており、貿易において薩摩は博多に一歩も二歩も先を越されていた。しかし薩摩は琉球を介することで、明どころか世界中の商品を手に入れることができるようになったのだ。

慶長十四（一六〇九）年、家康の許可を得て薩摩藩は奄美地域から琉球へ出兵した。独自の高度な文明を誇っていた琉球王国であったが、最新鋭の兵器を携えた薩摩武士の猛攻撃の前にはひとたまりもなく、たちまち首里城は陥落、琉球国王・尚寧《しょうねい》王は捕らえられ、鹿児島へと連行された。

翌年、尚寧王は薩摩藩主・島津家久《いえひさ》とともに駿府《すんぷ》城で大御所・徳川家康と、江戸城で二代将軍・徳川秀忠と面会し、その後再び鹿児島に戻ると島津家の求めに応じて薩摩の琉球統治方針に従う旨の起請文《きしょうもん》を記し、やっとの思いで琉球へと帰国した。ここから琉球の苦難の歴史が始まる。

幕府から琉球の仕置きを命じられた薩摩藩は、与論島以北の奄美地方を割譲して薩摩藩領としたものの、琉球全土は植民地化せず、沖縄・先島《さきしま》を琉球王国として残した。

薩摩藩は琉球をあえて同化せず、従来の王朝体制を温存して、中国との朝貢関係も継続させた。言うまでもないが、このような形式をとったのは薩摩側にとって都合がよいからであり、琉球の独自性を認めていたからではない。

薩摩藩は琉球に出先機関（琉球仮屋《かいや》）を設置し、朝貢貿易の運営に関与するとともに、琉球から多額の租税を徴収した。薩摩藩がいろいろな名目をこじつけて琉球から甘い汁を吸い上げる様子は、まさに「骨の髄まで」という表現がぴったりとあてはまる。

また、琉球は薩摩藩を介して幕府へも服従を強いられた。

琉球王が即位するたびに謝恩使を、将軍の代替わりのたびに慶賀使をそれぞれ将軍家へ遣わすことになっていた。その際、使節は中国風の衣装を身につけ、異国情緒たっぷりな行列を仕立てたという。

使節派遣は幕府からすれば異国を従えていることを天下に示す機会であり、薩摩藩にとってはその異国を事実上従えている自らの存在感を幕府に示す機会でもあった。

むろん、こうした支配の在り方は琉球の人々にとっては屈辱的なものだった。しかしながら、この時代の琉球支配と、近代になってからの琉球統治とを比べて、どちらのほうがより文明的であったかといえば、その答えは簡単に出ない。なぜならば江戸幕府も、薩摩藩もいわゆる「同化政策」だけは行なわなかったからである。つまり、支配はしても、琉球の文化や風俗までを変えようとはしていない。

このように薩摩藩が琉球固有の文化を残したのは、あくまでも政治上の思惑であり、琉球の文化に高い敬意を払ったからではなかった。琉球からみれば薩摩藩は憎むべき侵略者そのものだ。

その点を踏まえたうえでなお、薩摩藩には多様な文化が並立して存在することを良しとする、度量の広さがあった――そう言っても差し支えないのではないか。

薩摩藩の政策に従うことで、結果として琉球は独立国家としての尊厳を保つことができ、最低限の自尊心は守られた。将軍家への使節派遣の件にしても、幕府や薩摩藩の下心とは別に、琉球王国の独立性を日本国に示すという意味で、彼らにとってもメリットはあるにはあった。

琉球が琉球であること、そのうえに薩摩藩の利益があるという統治の手法は、大英帝国時代のイギリスの植民地政策とよく似ている。最低限だが相手の尊厳を容認するかのような体裁を整える。統治上の狡猾さを両者は持ち合わせていた。

ちなみに時代はずっと下るが、幕末期、島津宗家第二十八代当主であった斉彬《なりあきら》は、いわゆる「集成館《しゅうせいかん》事業」を興した。近代的工場群である「集成館」を設立して、西洋式の造船や紡績などに力を入れたことは有名だ。

だが、薩摩の歴史を振り返れば、斉彬のような「名君」はけっして突然変異的に現われたものではない。鎖国体制を不磨の大典のごとく心得ていた江戸幕府や諸藩の藩主と異なり、薩摩の人々にとって海外は決して遠い存在ではなかったのである。

ところで薩摩の人々が国際性を磨く機会は何も貿易だけに限られたわけではない。もっと密接な形での交流もあった。時代が下り、明の内政が揺らいでゆくと、その余波はさまざまな形で海伝いに薩摩まで及んだからである。

天正年間（一五七三～一五九三）、内之浦には思いがけない客人たちが相次いで訪れた。

万暦帝《ばんれき》の圧政に耐えかねた、明からの避難民たちである。

この皇帝の名は、景徳鎮《けいとくちん》の官窯《かんよう》で焼かれた磁器・万暦赤絵で日本人にも馴染みが深い。明朝は一世一元制を採用していたので（近代日本は、これを真似た）、皇帝は諡号《しごう》ではなく、元号で呼ばれている。

ゆえに万暦帝の在位時代の年号は万暦であるのだが、美しい色彩と華麗な絵付けで評価の高い万暦赤絵とは裏腹に、この時代の明朝は滅亡への扉を開けることになる。

幼くして即位した万暦帝は、宰相・張居正《ちょうきょせい》の手腕に支えられている間は、安定した国内運営を行なっていたのだが、名宰相が死に、親政を執りだすと次第に国は乱れてゆく。後に清《しん》朝を興す満洲の女真《じょしん》族の侵入、相次ぐ内乱、豊臣秀吉の朝鮮出兵に対する援軍派遣などの軍事費を賄うために、厳しく税金を取り立て民衆は疲弊していった。

内之浦へたどり着いたのは、このような明での生活に疲れ果て新天地を求めてきた難民たちであったのだ。

都城島津家当主・時久は彼らを都城へ迎え入れ手厚く保護した。

鳥が餌を求めて国境なく大空を行き交うように、人間もまた生きやすい場所を求めて大海原を移動する。海商や倭寇とおぼしき輩《やから》とも分け隔てなく付き合い、異国の酒をガラスの盃に注ぎ、ヨーロッパ人の手になる世界地図を眺める都城島津家の人々にとって、それはごく当たり前のことと受け取られた。

彼らは都城の町なかに「とじんまち」と呼ばれる居留地を形成した。「とじんまち」とは唐人町の転訛《てんか》である。

渡来人を受け入れた町は福岡の唐人町をはじめ他にもいくつもあるが、どれも海に沿った地域にあって、都城のように山の中に存在する例はきわめて珍しい。国際貿易港・内之浦を手に入れても、都城島津家の本拠地はあくまでも都城盆地にある。都城島津家当主・時久は都城そのものの国際化を目論んでいた。

風が吹けば一斉に稲穂が揺れるのどかな田園に、渡来人たちの故郷の言葉・閩語《びんご》の歌が流れ出す。山々に囲まれた国際都市・都城を行き交う見なれない服装、異なる風習、まるでおとぎ話を地でゆくようなものだ。

当初はさすがの都城の人々も目を白黒させたに違いない。しかし地域そのものが新しい文化を受け入れる柔軟性を持っているので、渡来人たちも次第に溶け込んでいったようだ。

国際化により都城の人々は渡来人たちから最新の医療やさまざまな技術を学んだ。都城の学術、文化の水準は世界的なレベルに達していた。もともと山のなかで暮らしていた都城の人々には、造船などの海に関する知識が乏しい。渡来人を受け入れることで、緑の都城盆地は本当の意味で海と結ばれた。

東アジア諸国は海に隔てられているために、たとえばヨーロッパ諸国のような連帯感、一体性がないとよくいわれる。しかしそれは事実ではない。歴史を検討すれば、東アジアは海を介して繋がった一つの地域で、各国の政治状況が連動していることが分かる。たとえば十七世紀、日本が鎖国へと踏み出した時期と、中国が明朝から清朝へ交替する時期は重なっている。東シナ海を取り囲む各国が新秩序を樹立し、それぞれの国の政権の求心力が強まると、それと反比例するように海の温度は下がり、多くの港は沈黙していった。その一つの帰結が、日本の鎖国である。

大海原を我が物顔で往き来した男たちは影を潜め、中世東シナ海の夏は終わった。本書の主人公である都城と海外との自由な往来も、鎖国体制の確立にともなって失われてしまうことになる。さらに加えて、寛永八（一六三一）年、都城の「外港」にあたる内之浦が薩摩藩直轄となったことで、彼らは緑の盆地に戻らざるをえなかった。

しかしながら、彼らと海との関係が完全に切れてしまったわけではない。

寛永十八（一六四一）年、徳川幕府の一連の鎖国政策が完成したのちにも、薩摩藩は事実上、琉球をその影響下においていた。直接、中国や東南アジアとの交流はできなくとも、琉球を介することで、海外への窓を閉じることはなかった。

島津一族は鹿児島城下とそれぞれの所領との二ヶ所に屋敷を構え、半年ごとに双方を往き来する決まりになっており、都城島津家の一族やそれに付き従う上級家臣団は、一年の半分を鹿児島の海辺を眺めて暮らした。彼らの屋敷には琉球からもたらされた海外の品々がさりげなく置かれ、そうした文物の中にひそやかに眠っていたのが、例の朝鮮国王からの国書であった、というわけなのである。

第二章　武士の王国

山々に囲まれたごく平凡な地方都市である都城になぜ、朝鮮国王からの国書という国宝級のものが眠っていたのか――その理由を探っていくなかで、前章では都城が海を越えて東アジア全域と繋がっていたことを見てきたわけだが、実はこの地域の異色さはそれに留まらない。

すでに述べたように、江戸幕府の作り上げた鎖国体制の中にありながら、薩摩藩は琉球を通じて外国との貿易を行ない続けてきた。薩摩藩の人々にとっては江戸幕府のご禁制などはどこ吹く風とばかりに振る舞っていた。

薩摩の人々は、表向きこそ幕府の定めた掟に従ったふりはしていても、実は戦国と変わらぬ中世的な気風を残していた。そして、それは土地とそこに住む人間との関係においてもまたしかり。

江戸幕藩体制の中で、薩摩藩がいかに特異な藩であったか――そのことを端的に示しているのが、武士の数が桁外れに多いという事実である。

明治四年の鹿児島県禄高調《ろくだか》によれば、この当時の全人口に対する士族の比率は全国平均で約五パーセントなのに対して、鹿児島のそれは約二十五パーセント。つまり薩摩藩の住民の四人に一人が士族であったことになる。

さらに明治七年に行なわれた調査（戸籍寮の戸口調査）では、全国の士族のうち十人に一人は鹿児島県士族であったという。幕末から明治初年にかけて、鹿児島県は日本全体の士族の十分の一を有していたというわけである。

だが、これで驚いてはいけない。「武士だらけ」とも言うべき薩摩の中で、都城が抱える武士は全人口のなんと四十二、三パーセントという驚愕の数字をはじき出していた。住民のほぼ半数が武士！　この数字は卒族《そつぞく》（足軽や中間《ちゅうげん》などの下級武士層）を繰り入れたものなのだが、それにしても多い。

今では農業、ことに畜産の盛んな土地として知られる都城だが、明治維新までのこの地は、まさに「武士の王国」であった。先ほどのデータを「住民の二人に一人が戦闘員である」という言い方で表わすならば、まさに都城は一種の軍事国家、軍事都市だった。

しかし、それにしてもなぜ薩摩、とりわけ都城はかくも武士の比率が高いのであろうか。

実は、こうした武士の多さは戦国時代においては格別、珍しいものではなかった。

戦いに明け暮れていた戦国時代においては、どこの国でも多くの戦闘員を必要としていたのだから、当然のことである。

戦国時代までの武士はそれぞれに領地を持ち、農地を経営して生活の糧を得ていた。足軽のような下級武士ともなれば、平時は農業を行ない、有事に武器を取って戦うという、いわば「兼業農家」の体《てい》であった。

このような武士の在り方は、「常備軍」の設立と、豊臣秀吉の刀狩りによって大きく変化してゆく。前者は農繁期でも戦える軍団を作るために武士の専業化を図り、これに対して、後者は農民一揆を防ぐために、農民から武器を没収する。これらにより従来はっきりしていなかった武士階層と農民階層との線引きは明確になり、全国的に兵農分離が進む契機となった。

江戸時代に入ると、兵農分離はさらに徹底される。幕府が体制維持を図るために士農工商を根幹とする身分制度を固めたからだ。各地の大名は家臣を城下町に集めて住まわせ、余剰の人員は帰農させ武士の身分から外した。

この政策の定着には、豊臣政権から江戸初期にかけて日本各地で繰り返された大名の転封が一役買っていた。主君が国替《くにがえ》を命じられると、家臣団は主《あるじ》に従って新天地に向かう者と、慣れ親しんだ土地に骨を埋める者とに分かれる。前者は武士となり後者は土着し、自然と「兵」と「農」とに分離された。

かくして武士は土地から切り離され、全国の武士比率は低下する。

江戸時代、将軍や藩主から領地を与えられ、自分の土地の農民を自身で監督し年貢を集める武士は一部に留まり、多くの者は農民が藩主の米倉に納めた年貢の中から、禄を受け取っていた。言い換えれば、受け取る物が米か金かの違いはあるものの、相当数の武士が現在の公務員やサラリーマンと同じ、「給与」の形式で暮らしていた、ということになる。

平時において必要なのは食糧生産をする農民であって、生産活動をせず消費するばかりの武士は最低限でいいのだから、これは時代の要請に応える政策でもあった。

ところが薩摩藩では、幕府の方針に反して武士を城下町のほか、藩内二十一の私領と九十二の外城に分散して住まわせていた。

鹿児島城下に住んでいた武士は「城下士《じょうかし》」と呼ばれていたのに対して、外城に配置された武士は「郷士《ごうし》」、都城のような私領に属する武士は「家中士《かちゅうし》」と呼ばれた。家臣団のなかで城下士の占める割合は僅か十一パーセントに過ぎず、それ以外の武士が残りの八十九パーセントを占めていた。

一握りの武士だけが城下町に住み、残りの大多数の武士は藩内に分散して住む——これは薩摩藩以外では見られない現象である。つまり薩摩藩だけは天下泰平の世の中にもかかわらず、戦国時代さながらの臨戦態勢を維持し続けていたことになる。薩摩藩の武士は時代の流れに抗して土地と強く結びつき、武士層はそのまま温存されていた。

本書の舞台となる都城は藩内二十一の「私領」の一つであった。

江戸時代、一万石以上の領地を有する者を大名、その領地を藩と呼んでいた。その定義からすれば、四万石弱という広大な都城は藩であり、都城島津家は大名ということになりそうだが、そうはならない。

薩摩藩の「公式見解」によれば、都城を含む藩内二十一の私領の藩主たちは、あくまでも島津宗家から領地の経営を「委託」された存在とされている。

ところが都城の人々には、自分たちが本藩の下に位置している、という意識が薄かった。

そもそもこの土地は都城島津家初代が勲功により当時の将軍家である足利家から賜ったもの、島津宗家から与えられたものではない。また一時期、別の場所へ移り住んだ時期はあるものの、幕末まで足掛け五百年以上住み続けているのだから「この土地は自分たちのものである」と、彼らが考えてしまうのも無理はなかった。

自立心旺盛な都城の人々の自信を支えていたのは「薩摩藩の米倉」と称された都城の経済力である。

盆地の中央には大淀川《おおよど》が流れ、そこから枝分かれした無数の川が、網の目のように縦横に延びている。水田耕作に適していない薩摩藩の風土の中で、水に恵まれたこの土地は珍しい水田地帯だ。また、豊富な水が生みだす朝霧のおかげで茶の栽培も盛んで、南国らしからぬ光景が広がっていた。日差しを浴びて煌《きら》めく緑の盆地こそ、多くの「余剰人員」を抱え込む体力の源なのである。

さて、このように戦国とさして変わらぬ体制が維持されたとはいえ、平和な時代が続けば、尚武《しょうぶ》の気風は廃れ、理屈をこねるようになるのは世の常で、それは薩摩藩も変わらない。そこで薩摩藩内では「郷中教育《ごうちゅう》」と呼ばれる独特の方法で子弟教育が行なわれ、薩摩武士の心意気を継承するべく、努力していた。

郷中教育とは、郷中（家臣の居住区）ごとに少年たちが集まってともに学ぶ制度で、二才《ニセ》（十四、五歳〜二十二、三歳）が、稚児《チゴ》（六、七歳〜十四、五歳）を教え導き、議論よりも行動を尊ぶ気風を徹底的に体験してゆく。鹿児島城下同様に、都城にもこのような制度があった。

大久保利通の次男でのちに内大臣となり、若き日の昭和天皇を支えた牧野《まきの》伸顕《のぶあき》も、郷中教育を受けた一人だ。

〈「肝だめし」と称して、城山の上に墓地があったが、其処《そこ》に夜一人で行かされる。途

中で悪戯者《いたずら》におどかされたりして、なかなか恐かった〉

〈それからたしか「詮議」と言って、一種の口頭試験が時々行はれたが、これは例へば道を歩いて居る時に長屋から唾《つば》を吐いた者があって、それが自分に掛かった、その場合にどうするかとか、あるいは誰かに道で会って侮辱された、その場合どうするかとかいふやうなことを問はれるので、我々に常識を持たせ、臨機応変の措置を取ることを教へるといふ意味で行はれ、特に士族の威儀を仕込む意味もあったと思ふ〉（『回顧録』）

年長者たちは少年らに「議《ギ》を言うな」と諭した。「議」とは「議論」であり、「理屈」である。薩摩藩では理詰めで物事を考えたり、相手を論破して自分の才能を誇るような人間は軽蔑され、無口であることが美徳とされた。

十歳になると少年たちは勉強のために聖堂に通うのだが、その途中で他の郷中の縄張りを通過しなければならない。そんな時彼らの間で必ず争いが起きた。

〈私達の郷中は二十人くらいだったが、隣の平《ひら》といふ郷中は遥に優勢で、ここを通る時には相当な覚悟が必要だった。ある時、そのやうな衝突が起こって、私は溝に落ち込んだのを覚えて居る〉（『同上』）

溝から起き上がって何をすべきなのかは分かり切ったこと――このような独特な教育方法により、鎌倉武士の流れを汲《く》む、矜《ほこ》り高き薩摩武士の「美風」は、幕末まで受け継がれていった。

それにしても、自分勝手な体制を維持する薩摩藩に対して、なぜ幕府は介入を図らなかったのだろうか。幕末期に倒幕勢力の中心となったのが、他ならぬ薩摩であったことを思えば、この「虎」の牙を抜いておけば、江戸幕府の命運も違っていたのではないかと、ついつい考えてしまう。

しかし「古狸《ふるだぬき》」と称された徳川家康の深謀遠慮をもってしても、薩摩藩だけはとうとう押さえつけることができなかった。

というのも、天下分け目の戦いである関ヶ原において、島津家は家康をも震撼させるような勇猛果敢な戦いぶりを見せたからである。そしてその記憶は江戸時代を通して、幕府や諸藩の武士たちに語り継がれてゆく。幕末期に薩摩藩が歴史の表舞台に立つずっと以前から、日本中の武士は薩摩武士に対して「いざとなれば何をするか分からない奴らである」という共通認識を抱いていた。

彼らの胸に兆《きざ》す、不信と恐れの入り交じった複雑な感情――いったい島津隊は、関ヶ原においてどのような戦いをしたのだろうか。

慶長五(一六〇〇)年九月十五日午前四時、島津義弘《よしひろ》率いる島津隊が関ヶ原に到着した。

第十六代島津宗家当主・義久《よしひさ》は彼の兄、その後継者で次期島津宗家当主・忠恒《ただつね》（のちの家久）は彼の息子にあたる。

すでに六十六歳となっていた義弘は、当時としては相当な老人であるが、戦場を駆けまわることで鍛え上げた足腰はいまだに衰えを感じさせなかった。

小西行長《こにしゆきなが》、宇喜多秀家《うきたひでいえ》隊も相次いで顔を揃え、西軍（豊臣方）の陣容はほぼ整った。

夜が明けるにつれ昨日から降り続いた雨はほぼ上がったが足下はぬかるみ、霧のために見通しがきわめて悪かった。

午前七時過ぎ、東軍（徳川方）の徳川家康四男・松平忠吉《ただよし》隊と井伊直政《いいなおまさ》隊が宇喜多秀家隊に向かい攻撃を仕掛け、いよいよ合戦の火ぶたが落とされた。濃い霧の中、鬨《とき》の声や銃声が響き渡り、敵か味方かの区別がつかないまま無数の足音が地面を揺らした。

やがて霧が晴れ、周囲の状況がはっきりとしてきた。

この時、空から関ヶ原を見下ろせば、色とりどりの軍旗、指物《さしもの》、馬印《うまじるし》が風になびき、華やかな祭りの会場さながらの光景が広がっていたはずだ。

明治初期に陸軍大学校教官として来日したドイツ人のヤーコプ・メッケル少佐が、関ヶ原の陣営配置図を見せられると即座に「西軍勝利」の判定を下したという逸話はあまりにも有名である。それほど西軍の布陣は有利であったし、武力においても勝っていた。

が、多くの武将の裏切りにより、西軍は敗北を喫した。死闘の裏でひそかに取り交わされるさまざまな駆け引き。関ヶ原の戦いは武力と武力の衝突というよりも、知力と謀略に彩られた人間ドラマそのものであった。その多くの登場人物の中でも、最も知力に溢れていたのは、勝者・徳川家康であったことは今さらいうまでもあるまい。

さて、この戦いにおいて、西軍島津義弘隊はまるで傍観者のように孤立していた。

史料によりばらつきはあるが、この日義弘に従った兵員は、千人から千五百人の間。薩摩から日向一帯を治め膨大な数の家臣団を抱えていた島津家にしてはいささか寂しい陣容であるが、一騎当千の彼らはこの大混戦の中、一歩も前へ出ることなく、ひたすら何事かを待っているかのようであった。そして、陣営に近づく者は西軍であれ東軍であれ、構わず撃退していた。

いったいなぜ、彼らはこのような不思議な戦い方をしていたのだろうか。

そもそも島津家の政治方針は中央政権とは一線を画し、自分たちだけの楽園・薩摩のみを守り抜くという独特なものである。織田や豊臣などのような、天下統一といった途方もない夢などは彼らには興味がない。この戦乱を利用して自領を増やしたいという企図はあったが、それも九州内の話であり、それ以上の領土欲はない。

なのに、こうして天下分け目の戦いに参加する仕儀に相成《あいな》ったのは、たまたま義弘が伏見《ふしみ》に滞在中であったためである。そして、行きがかり上、西軍に引き込まれることになったが、本音をいえばこの合戦自体に参加したくなかった。島津は豊臣家再興だのといった御大層な大義にはとんと興味がない。大事なのはわが所領のみ。

とはいえ戦場でこのような振る舞い方はまことに紛らわしい。

島津隊を味方だと信じて逃げ込んできた宇喜多隊、小西隊までもが斬り払われ、宇喜多隊の多くは池寺池《いけでらいけ》に落ちて溺死した。

慶長五年九月十五日午後三時——開戦からおよそ八時間経過した今も、島津隊は関ヶ原にいた。すでに西軍は総崩れしつつあり、戦場にはぽつんと彼らのみ取り残される結果となった。東軍はジリジリと迫り来て、ついに彼らは敵方に取り囲まれてしまう。

いかにもやる気のない戦いぶりから想像がつくように、彼らは西軍に殉じて全員討死にするつもりなどなかったが、さりとて、おめおめと白旗をあげて東軍に投降するつもりもなかった。

そこで彼らは「名誉ある撤退」を決意する。西軍への義理はすでに果たした。ここにとどまる理由はない。よって撤退するというわけである。

だが、それを見越した東軍は予想される二つの退路にすでに兵を集結している。このまま進めば袋の鼠となることは確実だった。義弘は目をつぶり耳をすませ、自らの進むべき方向を考えた。

そこで彼の得た結論は——敵中突破。

雲霞《うんか》のごとく満ちている敵の真っ只中に突っ込んで、戦場を離脱するなど通常の感覚ではありえない選択肢だった。だが百戦錬磨の義弘の直感は「どの退路をとっても敵が待ち構えているのならば、いっそ相手の意表を突いて、戦場の中央を突破せよ」と告げていた。

義弘は周囲の者たちを一団にまとめると、

「突き進め！」

と叫ぶや否《いな》や馬を走らせ、たちまち一団は立ち上る砂の塊となり猛然と敵陣中へと前進したのである。

何が起きたのだろう——東軍の誰もが呆然と島津隊の動きを見つめていた。それは島津隊に相対していた福島正則《ふくしままさのり》隊も同じである。

「敵ならば斬り通れ、さもなくば自らの腹を切れ！」

義弘の言葉に応じて島津隊は一斉に刀を抜き、福島隊の方向へと殺到した。島津隊は福島隊との斬り合いを覚悟していた。

だが、福島隊は思わず身を引き、島津隊の前に自然と道が開かれた。それはまさに海が割れ、道が現われたという「出エジプト記」モーセの話を地でゆく光景だった。

ちなみにこの時、福島正則の息子で、十七歳の正之《まさゆき》が島津隊に立ち向かおうとして、家臣から諫《いさ》められたという逸話が遺されている。

すでに勝敗は決している。死を覚悟し、目を血走らせて猛進する島津隊と戦っても何の意味もない。福島家の家臣は若様に「犬死してはなりませぬ」と教えたのだ。これは現在に生きる私たちにもうなずける、合理的な判断である。

しかし薩摩武士の考え方はまったく違っていた。彼らの内部には、合理的な思考では説明のできない、野性の血がたぎっていた。自分の死が有益なのか無益なのか、どう生きるのが得なのか、そのような小ざかしい線引きは彼らにとってはどうでもよい。

「薩摩の男はここぞと決めた時、ここぞと決めた場所で、自らの意志に従い死んでゆくのみ」

猛獣の群れと化した島津隊。気を呑まれて彼らを通過させた東軍は、ふと我に立ちかえり追撃を開始するが、後の祭り。義弘は主要な武将を次々と失いながらも、大垣から伊勢路を越え大坂へ落ち延びた。途中、大坂に留め置かれていた人質の妻子らを連れ戻し、九月の末に薩摩へと帰還した。

関ヶ原の合戦の直後から、家康による「戦後処理」が始まった。

家康に敵対する西軍に属していた諸大名には、領地の没収や移転、減封などの厳しい措置が取られた。

石田《いしだ》三成《みつなり》、小西行長、宇喜多秀家などの所領は没収。毛利《もうり》輝元《てるもと》は中国地方九ヶ国、約百二十万石が周防《すおう》・長門《ながと》二ヶ国、約三十七万石になった。また、上杉《うえすぎ》景勝《かげかつ》は会津百二十万石から米沢三十万石へ減封。西軍から吸い上げた土地は功績に応じて東軍側へ分配された。

こうした「始末」の最後の最後に、島津家が残った。

家康は島津義久の上洛を促した。関ヶ原の一件について「わび」を入れさせ、島津に恭順を誓わせようという腹であるのはいうまでもない。だが、島津家側はのらりくらりと返事をかわし、いつまでも義久は上洛しようとしなかった。

これに怒った家康は島津討伐の命を出し、毛利家に先陣を務めさせようとしたが、中止した。ここで家康が毛利家に島津討伐の先陣を務めさせていれば、幕末の薩長同盟はなかったかもしれない。そう考えると家康のためらいは子孫のためにはなんとも惜しいことをしたものだ。

しかし、それは後知恵に過ぎない。

「薩摩の者どもはいざとなると何をするか分からない奴らだ」

関ヶ原での島津隊の非合理な行動は、鮮やかな血の色とともに家康や徳川家臣団の脳裏に強く刻みつけられていた。討伐をためらうのも当然であった。

家康からの上洛命令に従わない島津家の判断は一見、関ヶ原での行動と同じく非合理で無謀なものに思える。しかし、そこにあるのは野獣の集団・薩摩とは別の顔であった。発足間もない徳川政権の最優先課題のひとつは、秀吉時代に悪化した周辺諸国との関係改善にあった。中でも重要視していたのは明との友好関係であり、それには琉球の力添えが必要だった。当然、こうした事情を島津家は熟知していたであろう。

すでに述べたとおり、薩摩は古くから東シナ海を通じて琉球との関係が深い。こうした東アジアへの影響力を背景に、家康の足元を見ながら、島津家が態度を決めていたであろうことは想像に難くない。

関ヶ原で目の当たりにした血に飢えた狼の群れのごとき暴力集団と、彼我のパワーバランスを冷静に分析する頭脳集団とが同一の人々で構成されていることに、家康は底知れぬ不気味さを感じていた。

言うなれば合理と非合理が一人の人物のなかにすんなりと同居している矛盾、これこそ幕府や諸藩の武士たちが薩摩武士に対して抱いた懼《おそ》れの核心である。

慶長七（一六〇二）年四月、ついに家康側が折れて、島津の本領を安堵《あんど》する旨を明らかにして和平交渉は終結した。島津家は家康から無傷で薩摩を守り抜いたのだ。

家康としては不本意な講和であったが、新体制移行のため戦後処置を急いでいたのでしかたなかった。

都合のよいことに薩摩は江戸から最も遠い場所にある。しかも島津家には伝統的に中央政権への志向がない。この点も薩摩を考えるうえでは重要なポイントである。織田信長、豊臣秀吉、徳川家康らの動きを眺めていると、あたかも戦国大名のすべてが京都に上ることを目指していたかのような錯覚に陥ってしまうが、島津一門の視線の先に京都があったことはない。

この世に薩摩ほど素晴らしい場所が他にあるだろうか。鎌倉時代に彼らが薩摩の地に根付いてから彼らの確信は揺らぐことがなかった。薩摩の土地は都城のような特殊な地域を除けば、おおむね水田耕作に向かない火山灰土である。薩摩武士が海に乗り出して行ったのも、海に魅力があったというよりも、土地から生み出されるものが余りにも少なく、海に出てゆくより他に生きるすべがなかったためだ。

それでも薩摩は、彼らの宇宙の中心であった。彼らは彼らの楽園・薩摩に住み続けられれば、それで十分満足だった。だが、その願いは二百五十年の後、ついに破られることになる。すなわち、黒船の来航である。

第三章　京の守護者

嘉永六年（一八五三）、浦賀沖に四隻の軍艦を率いて現われたペリーは、アメリカ大統領の国書を携え幕府に開国を迫った。これに対して、終始、無為無策であった幕府の在り方に危機感を覚えた各地の中・下級武士たちの間で、政治運動の連帯が急速に広がってゆく。

彼らは「志士」と呼ばれていた。

志士とは、論語の一節〈志士仁人《ししじんじん》は生を求めて以《もつ》て仁を害すること無し。身を殺して以て仁を成すこと有り〉（『論語』衛霊公篇）に由来する。己《おのれ》の身を殺しても、天下国家のために正しきことを成し遂げる、彼らの主張は瞬く間に全国各地に飛び火していった。

薩摩藩で志士運動の中核となったのは、名君と称されながら志半《こころざしなか》ばで亡くなった藩主・斉彬に見出され、その遺志を引き継ぐ若手下級武士の集団・精忠組《せいちゅうぐみ》だった。

西郷隆盛、大久保利通、有村俊斎《ありむらしゅんさい》（海江田信義《かいえだのぶよし》）、吉井友実《よしいともざね》、伊地知正治《いじちまさはる》、税所篤《さいしょあつし》、有馬新七《ありましんしち》、奈良原繁《ならはらしげる》、村田新八《むらたしんぱち》、野津鎮雄《のづしずお》、野津道貫《みちつら》、大山綱良《つなよし》、西郷従道《つぐみち》など、後に

近代日本の要職を担う人々の名前が綺羅、星のごとく連なっていた。

斉彬の死後、家督を継いだのは斉彬の実弟・久光の長男・忠義であった。後ろ盾を失った若者たちは藩政の行く末に希望を失い、集団で脱藩し京都に攻めのぼり、幕府寄りの公家や京都所司代を暗殺する計画を練った。

事前にそのことを知った藩主・忠義は、彼らを押しとどめる直筆の書状を送る。その書面で忠義が彼らのことを「精忠士」と称えたことが、精忠組の名前の由来とされている（誠忠組といわれる場合もある）。

彼らを称えることで無謀な計画を中止させ、結果的には自分の味方にまでつけてしまうという、老練な政治手法は若い忠義の判断ではない。実父であり後見人でもあった、「国主」島津久光の助言があったことは容易に想像がつく。

ところで、幕末を描いたテレビドラマにはかならずといってよいほど、若き日の西郷隆盛や大久保利通など精忠組の若者たちが、いかにも身なりに構わない様子で登場する。だが、史実はむしろ逆。

「ご一新」のあと、幕末維新を経験した人たちの貴重な談話を集めた資料に、薩摩藩の精忠組の若者たちに関して、次のような一節がある。

〈その人々の容貌は、従来の鹿児島風を脱しておりました、私どもも微《かす》かに記憶していますが、衣服もちょっと立派で、頭髪は昔時の詰め鬢《びん》ではなく、わずか指一本入るくらいこれを高くし、朱鞘白柄銀鞘尻《しゅざやしらつかぎんさやじり》で、我こそは誠忠派でござるといふ風に街頭を闊歩《かっぽ》するさまは、なかなかの威勢でありました〉（『維新史料編纂会講演速記録二』）

目立つ髪形の理由を質されると、澄まして〈鬢を大きくしなくては、他国に出て不都合だ〉（『史談会速記録』第十九輯）などと、うそぶいてもいたらしい。

彼らの姿が「都会的」であるといっても、それはあくまでも鹿児島の人々から見てのことであって、江戸の人々からすれば別の見解もあるかもしれない。だが意外にも、時代劇や小説が作り上げた印象とは裏腹に、彼らがお洒落に関心のある若者であったことは間違いない。

また精忠組には、江戸へ遊学や勤務経験のある者たちが多く参加していた。彼らは江戸言葉を操ることができた。このことは志士運動のうえでとても重要だった。

江戸時代、ごく普通の武士が他藩の武士と書面で意思疎通を図るのは至極簡単なことであった。ところが会話となると途端にむずかしくなる。それぞれのお国言葉がきつく、相手の言葉が理解できないのだ。言葉はよそ者を見抜く戦略的な手段、各地域では固有の方言が大切に守られていた。その中でも、薩摩藩は一種の「言語鎖国」をしていたと評されるほどで、薩摩弁の難解さは外国語同然だったという。

そうした状況の中、江戸に出た経験のある若手の武士たちは江戸の言葉を話せるというだけで、下級武士とはいえ各地域の「国際派」の人々であったのだ。

さて、この精忠組の分派が都城にもあった。

都城島津家の家臣で、後に宮崎県選出の衆議院議員となる肥田《ひだ》景之《かげゆき》は、政治運動に邁《まい》進《しん》する父親の活躍ぶりを子どもながらに鮮明に覚えている。

〈当時京師《けいし》には、諸国の浪士や有志の人々相集《あいつど》って、勤王の説を主張する時でありますから、我が地方においても尊王説を唱へ士気を鼓舞いたしまして、是非勤王の士が闕下《けっか》に馳《は》せ上りて十分尽力を致すやうにしなければならぬといふやうなことを主張しておりました〉（『史談会速記録』第二百二十六輯）

まだ幼さの残る年頃の肥田の兄は、精忠組の幹部に可愛がってもらっていた。

〈安政三年に私の兄肥田景直《かげなお》と申す者が、生年まだ十四歳の時であります。これが、遊学に江戸に出まして、当時在府の西郷隆盛、海江田信義、有馬新七、有村勇助次左衛門、伊地知貞馨《さだか》などといふ様《やう》な方々の指導を受けまして〉（同上）

西郷隆盛は、水戸藩の儒者で藩主の政治顧問でもあった藤田東湖《とうこ》と面会する際にも、景直少年を伴っていたという。魅力ある人々と出会い、すっかり彼らに感化された景直は、地元に戻ると少年たちを集め、精忠組の予備軍を組織した。かくして都城の志士運動は、ますます強化されていった。

ところで、精忠組の西郷隆盛や大久保利通は、下級武士とはいえ直接藩主に仕える城下士である。一方、都城精忠組の面々は私領の領主に仕える家中士であった。元来両者の間には差がなかったが、時代が下るにつれて、城下士は郷士や家中士を見下すようになっていった。それゆえ都城精忠組のように、城下士と対等に付き合う例は珍しかった。

すでに述べたことの繰り返しになるが、都城は藩内最大の私領である。この地は都城島津家が宗家から運営を委託されていた土地であったが、都城島津家家臣団には、この土地を藩主・島津宗家から委託されたという意識はさらさらなかった。

そもそも都城は、初代当主・資忠が戦功により足利義詮《よしあきら》から分け与えられたものであり、島津宗家から与えられたものではない――それが彼らにとっての都城なのである。彼にとって大事なのは「都城は先祖代々、自分たちが住み、耕してきた土地なのだ」ということだった。

都城は住民のほぼ半数が武士という、武士の王国である。

鹿児島から距離がある、薩摩藩の米倉と呼ばれるほどの土地であったことも、自立した雰囲気を醸成した一因だろう。人々の心の中に「本藩なにするものぞ」という気概が溢れていたのは当然すぎるほど当然であった。そもそも薩摩藩自体が日本の中で特異な存在なのに、そんな薩摩藩のなかでも特異なのだから、都城がどれほど個性の強い、いや強すぎる土地柄なのかが分かるだろう。

ここで少し幕末の都城島津家家臣団の生活ぶりをのぞいてみよう。

幕府の一国一城の令により都城の城は廃城となり、代わりに領主館を現在の都城市役所周辺に建設した。その周囲には家臣団の上級武士の住居区と、明からの移民の住む唐人町などの町場が整備された。

島津一族は鹿児島城下の屋敷に妻子を住まわせ、所領との間を往き来した。都城の上級武士も当主に従い、鹿児島と都城の間を往復する生活を送っていた。

薩摩藩の武士の給与は、給地とよばれる知行地を与えられ、各自が年貢を取り立てる仕組みになっていた。その他に薩摩では、武士がみずから農業を行なうことも、土地を開墾することも認められている。

したがって、豊饒な土地に暮らす都城の下級武士たちは、表高《おもてだか》よりも自作の農地から得られる収入のほうが多い場合もあった。また、都城の上級武士たちは自分で耕作はしないものの、やはり表高以外に、大きな副収入を得ていた。

このような土地柄なので、おのずから武士と農民とを隔てる垣根は低い。いちおう村では道路を挟んで武士階級と農民の居住区が分かれており、祭礼の際などの桟敷も武士用と農民用とに分かれ、村の経営は武士の指導のもとに進められたが、だからといって両者が厳しく対立していたわけではなく協力しながら生活していた。

こうした農民と武士との共同生活を見守っていたのが、村のあちこちに置かれた「タノカンサア（田の神様）」と呼ばれる、高さ五十センチから一メートルほどの丸彫り・浮き彫りの石像であった。「神様」といっても社の中に安置されているのではなく、たいていは露台である。

立ったり踊ったりさまざまな形のものがある、素朴な神様は今でも旧薩摩領内のそこかしこに点在している。都城でも尋ねると、「あすきおいやっど（あそこにいらっしゃるよ）」と教えてもらえる。

このような生活の中で都城精忠組は、鹿児島精忠組と連携しながら運動の幅を広げていった。

鹿児島城下にもまして、都城は無骨で愚直な武士像を尊ぶ土地柄である。彼らの行動は、さまざまな意味で評判を呼ぶ。たとえば、都会的な髪形や振る舞い方もその一つだ。年配者が彼らの身なりに眉をひそめていたことは想像に難くない。

保守層の渋い表情にもかかわらず、彼らがのびのびと活動できた裏には、都城島津家当主・久静《ひさなが》の存在があった。精忠組の動きを押しとどめようとした藩主・忠義とは逆に、久静は志士運動を側面から応援していた。

久静は前当主・久本《ひさもと》の長男で、室は島津久光の次女・於治《おはる》、つまり久静は久光の婿殿ということになる。当時久光は息子の後見役として藩政に力をふるう、いわば薩摩藩の事実上の支配者であった。その久光が政治上の相談相手として、最も信頼を置いていたのが婿の久静だった。

久静は思慮深く、物事の本質を見抜く目を持っていた。彼には現実の出来事の奥に、遥か未来の可能性を見出す力があった。このような才能もさることながら、何より人を惹きつけたのは、彼に生まれつき備わった華やかさだ。

久静が入ってくるだけで、部屋じゅうが明るくなった。人は彼に自然と心を開き、その周囲には陽気な笑い声が絶えなかった。これに対して久光は、宴会好きが多い薩摩武士にしては珍しく自室で一人静かにむずかしい本さえ読んでいれば幸せという内向的な人物、自身と異なる性質の婿が可愛くまた誰より頼りにしていた。

藩内での久静の影響力は大きく、その庇護のもと都城精忠組は日本各地を思う存分駆け回ることができた。やがて時代は主従に思いがけない舞台を用意してくれる。それは幕末の動乱に揺れる、京都の御所警備という大任であった。

文久二（一八六二）年五月四日、鹿児島前の浜に蒸気船・天祐丸があたりを払う威容を見せていた。

天祐丸は薩摩藩が長崎で購入したイギリス船で、価格は十二万八千ドル、翌年に勃発した薩英戦争でイギリス側の放火により焼失する運命にある三隻のうちの一つである。艦上には船印として日の丸と、白地に紺色で島津宗家の家紋・丸十字が染め抜かれた旗が掲げられていた。

出発の時刻になり、港に姿を現わした当主・久静と三百名余の都城島津家家臣団は、足早に船内へ吸い込まれてゆく。一行はこれから長崎—平戸《ひらど》—博多などを経て大坂へ上陸し、伏見から京都へと向かうのだ。

在京中の久光から都城の島津家へ率兵《そっぺい》上京要請が届いたのは、ほんの十日ほど前のこと。

あいにく当主・久静は体調を崩し、霧島温泉にて療養中の身だった。立場が立場ゆえ、日頃の疲労が蓄積したためと推測される。しかし、早飛脚《はやびきゃく》で知らせを受けるや否や、彼は温泉を抜け出し鹿児島へと急ぐ。鹿児島には家老・北郷資雄以下三百名余りの精鋭部隊が、彼の到着を待ち構えていた。

彼らが京都で遂行するべき任務は、御所の警備と町の治安維持だという。これほど重要な仕事を自分が任されることになろうとは、さすがの久静も想像すらしなかった。ましてや家臣たちは舞い上がり、一種の興奮状態になっていた。

それにしても、なぜ突然、薩摩藩の一私領の当主とその家臣が、帝のおそば近くに仕えるような、大それた任務を担当することになったのだろうか。話は二ヶ月前に遡る。

同年三月十六日、久光は一千余の兵を率いて上洛した。

混乱する世情を憂えた久光は、まず上京し勅諚を得て、その後江戸へ向かい幕政改革を促す決心をする。彼のいう「改革」とは、安政の大獄により粛清された兄・斉彬の盟友たち、開明派の大名の復権であった。

とはいえ無位無官の久光には東上する資格がない。そこでわざと江戸屋敷に火を放った。薩摩武士の行動にはためらいがない。この火事を理由に、薩摩藩は幕府へ参勤交代の延期を願い出た。目論見どおり許可が下りると、新しい屋敷の造営監督と参勤交代延期のお礼という名目で久光は出国を果たした。

このように東上計画は出だしからして相当に無謀なものであったが、めでたく出発と決まっても久光の前には難問が山積していた。

久光は宗家に生まれたが、次男ゆえにこの時まで一度も薩摩藩を出たことがなかった。すなわち、雄藩の大名にも有力公家にも親しい友人がいるわけではない。

しかも言葉の問題がある。大名は世子《せいし》（跡継ぎ）時代を江戸屋敷で過ごすから、大名同士の会話は当然のことながら江戸言葉になる。江戸育ちの斉彬とは違い、久光にはこの江戸言葉もおぼつかない。

また、江戸城を中心とした上流階級では、洗練された立ち居振る舞いも要求されるのだが、その点でも久光は心もとない。しかるに久光は上洛して宮廷社会とも交渉したいとさえ考えているのだ。言葉遣いや作法に関して、武士以上に厳しい公家たちが冷ややかな視線や忍び笑いを久光にあびせかけるのは目に見えていた。

そこで藩内には久光の計画を危ぶむ声もあった。ことに西郷隆盛が反対した話は有名だ。

西郷は先代藩主・斉彬の命を受けて、諸大名家や公家などと交渉経験を持っていたから、率直に自分の経験から意見を述べたのだが、あまりにも忌憚《きたん》がなさすぎた。西郷が言い放った一言を、久光は後々まで忘れることはなかったという。

「あなた様はお兄様と違ってまったくの「地五郎《ジゴロ》」なのだから、にわかに上京しても天下の名士たちと渡りあえるわけもございますまい」

「地五郎」とは、薩摩地方の方言で田舎《いなか》者という意味である。藩主の父に対して、西郷は遠慮するところがなかった。

だが、結論から言えば、西郷の予想は外れた。

当時の京都は、尊王攘夷論を唱える浪人たちが全国から集まり、不穏な空気に包まれていた。久光東上の報は浪人たちに希望を与えた。関ヶ原における薩摩武士の勇猛果敢な戦いぶりを知らない者はない。「眠れる獅子がついに目覚めたか」と、浪人たちは色めきたった。

しかし、上洛した久光は浪人の期待を裏切った。彼は寺田屋に集結していた急進派の薩摩藩士を鎮圧し、たちまち京都の治安を安定させたのである。

また宮廷への働きかけにおいても、久光は成果を上げた。

当時の天皇は孝明天皇。残された記録から浮かび上がる孝明天皇は、感情に起伏があり好嫌の激しい人物である。それに比べて皇子の明治天皇は、はっきりと感情を表わさない、控えめなキャラクター。親子の性格の違いは鮮やかだ。

もしかしたら、明治天皇は父親の生き方から何か学ぶものがあって、表情や声色に自分の意志がにじむのを抑えていたのかもしれない。

それはさておき、久光の計画が成功するか否かは、孝明天皇が久光をどう評価するかにかかっていた。

天は久光に味方する。

二人は人間としての本質、周囲に流されることなく、あくまでも自分の意志を貫き通す点がとてもよく似ていた。首尾よく勅諚を得た久光は、勅使・大原重徳《しげとみ》に従い江戸へ向かい、幕府に改革を迫る運びとなった。その際、久光の代わりに京都の治安維持を誰かに任せる必要があった。

久光の頭に真っ先に浮かんだのは、都城島津家当主である婿殿・久静の顔だった。

久光は今、一世一代の大舞台の上にいた。自藩の下級武士・西郷隆盛にさえ、「地五郎」呼ばわりされた彼が、あと一歩で名君の誉れが高い兄・斉彬の遺志を実現することができるのだ。絶対に失敗は許されない。久光が京の治安を安心して委ねられるのは、久静以外にはいなかった。

久静は久光の気持ちを十二分に理解し、病をおして天祐丸に乗り込んだ。

自分をここまで信頼してくれる義父・久光の期待に応えたいという気持ちがあったのも確かだ。だが、それ以上に彼を突き動かしていたのは、自分の実力がどれほどのものなのか、広い舞台で試してみたいという若者らしい野心だろう。

ふと気がつくと、天祐丸が黒い煙を吐きながら波の上を滑りだした。振り返るとみるみる鹿児島が遠ざかり、やがて海上の点となり視界から消えた。

五月十三日、天祐丸は大坂へ到着した。

土佐堀の旧南部屋敷に入った久静は、京都の久光一行との間で連絡を取り合い、今後の方針を話し合うことになった。

またこれとは別に、久静は都城精忠組を関西方面に派遣していたので、彼らからの報告も受けていた。彼らは城下士の名義を借りて、以前からこの地域で情報収集を行なっていたのだ。彼らは沸騰寸前の京都の生々しい様子を語った。都は一筋縄ではいかない場所のようだ。

五月二十日、久静一行は京都に入った。

京雀の間では、久静に関するさまざまなうわさ話がささやかれ、人々の関心は最高潮に達する。

一行の行列を眺めるため、沿道にはおびただしい数の見物人が押し掛けていた。久静は薩摩藩の中でこそ有名だが、全国的な知名度はない。恐らく事前に都城精忠組あたりが、大げさにうわさをあちらこちらで振りまいていたのだろう。人々は固唾《かたず》をのんで主役の登場を待った。

やがて衆人注視の中、ひときわ立派な馬に乗り颯爽と久静が登場した。

彼のまとっていた陣羽織《じんばおり》は身ごろが鮮やかな緋色の羅紗《ラシャ》、襟の部分は黒の天鵞絨《ビロード》製、首元を二重のフリルが飾っている。旧暦の五月半ばは新暦では六月半ばから七月初旬、京都の蒸し暑さが一番応える時期だ。久静は陣羽織の裏地を薄いブルーの生地で仕立てていた。沿道の人々が見上げると、馬上の久静の緋色の陣羽織の裾から、南国の海のように鮮やかな青色がこぼれる演出だった。異国情緒たっぷりの豪奢な衣装に人々の視線は釘付けになった。

久静がこの衣装をいつ誂《あつら》えたのかは分からないが、急に注文して間に合う品物ではないので、一大事に備えて前々から整えておいたものだろう。豪華な衣装から久静の意気込みが伝わる。一陣の涼やかな風が通り抜けるような姿に、人々はしきりと歓声を上げた。

薩摩藩広しといえど、手紙一通で三百余の家臣を引き連れ京都まで馳せ参じるような財力、武力を兼ね備えている者は都城島津家当主・久静以外にはない。さぞや宮廷も歓迎してくれるかと思いきや、返ってきたのは冷たい反応だった。

公家社会から見ればそもそも久光でさえ新参者、ましてその婿殿などというまことに得体の知れない者に、御所を警護する重い役目を易々と与えてもよいものだろうか。彼らの目には不安の色が浮かんでいた。

さらに心配なのは都城隊の実力のほどだ。久光は千余りの兵力を用いて京都を抑えた。それに引き替え都城隊は僅か三百名、三分の一にも満たない。そのうえ公家たちは、同じ薩摩藩士と

久静が着用した「緋羅紗地丸に十字紋陣羽織」。上洛の際にこれを着たのかもしれない。（提供・都城島津邸）

はいえ、城下士と都城隊とはやや性質の異なる軍隊であることを見抜いていた。都城は鹿児島とは言葉が微妙に異なり、身なりも一段と野暮ったい。

都城の武士たちは薩摩藩内の他の諸郷の武士たちと同じく、表高の他に身分に応じて自作の農地を所有し、下級武士は自ら田畑に出て汗を流した。農作業により日焼けした彼らの肌は農民そのもの、歯と手の指の股だけがやけに白い。公家たちからすれば、とても藩内一の精鋭部隊とは思えなかった。

島津宗家の親戚筋にあたる近衛《このえ》忠房《ただふさ》は久光に対して、小松帯刀《たてわき》や大久保利通など京都の事情に明るい、若手城下士のリーダーたちのうちの誰か一人を置いてゆくように、と懇願している。

岩倉具視も、久静が警護に当たるならば増兵しなければ心もとない、と伝えてきた。孝明天皇の側近中の側近である岩倉の意見は聖慮に等しい。そのことを知った久静は色をなして怒った。

「薩摩藩第一の大身、島津石見《いわみ》（筆者註・久静のこと）が京にあって事にあたるかぎり、叡慮《えいりよ》を悩まし奉ることは断じてありませぬ！」

自信に満ちた言葉からは、それとは裏腹に大役を前にしてともすれば不安に陥りそうになる自分を、懸命に鼓舞する痛々しい久静の姿が透けて見える。生命力に溢れる開放的な都城盆地とは異なり、京都盆地は翳《かげ》の統《す》べる空間、ここでは陽光も善意も志も生まれおちるそばから陰影を帯びる。かつて感じたことのない閉塞感が久静を襲った。

なんという皮肉なことだろうか、その二日後、つまり久光が江戸へ向かって出発したまさにその日、久静は倒れてしまう。

病名は麻疹、ハシカだった。潜伏期間を考えると、久静が麻疹に罹患したのは旅の途中と推測される。もともと病気療養中で体力の衰えていた久静は、疲労が重なりひとたまりもなく感染してしまったのだ。

五月二十三日、病に伏した久静を残して都城隊は京都藩邸に入った。京都藩邸は現在の同志社大学今出川《いまでがわ》キャンパスのあたりにあり、御所まではごく近い。病の身が宮中の清浄さを犯すことを遠慮し、久静は京都藩邸ではなく、伏見御仮屋（旅宿文殊屋四郎宅）において治療に専念することになった。

家老・北郷資雄の指揮のもと、都城隊は禁裏・京都警護の仕事を開始した。

前年鹿児島調練場で行なわれた藩の歩兵練習の総括責任者が久静であったことから、都城島津家では新たに三部隊を組織し、馬回り隊とともに日々の訓練に励んできた。公家社会からは軽く見られていることをつゆほども知らぬ都城隊は、今こそ精進の成果を見せる絶好の機会とばかりに、張り切って任務に邁進した。

一方、伏見御仮屋にはさまざまな医者が呼び込まれていた。だが、久静の顔を見るなり皆一様に首を横に振った。うだるような暑さのなか、久静は高熱のために震えていた。それはあまりにもあっけない幕切れだった。

五月二十六日、都城島津家当主・久静は三十一歳の生涯を閉じた。医者を押しのけて、家臣たちは久静の遺骸に取りすがった。ことに久静を唯一の希望の星と仰いできた、都城精忠組は呆然と立ち尽くすしかない。

協議の末、久静の死は隠されることになった。都城隊のうち二百名は何食わぬ顔で禁裏・京都警護の職を全うし、残り百名がひそかに久静の遺体を都城へ連れ帰るという段取りだった。

都城隊には、主君の死を悲しんでいる暇はなかった。

まずは帰国組と残留組の名簿が作られた。次いで帰国の日程が慌ただしく組まれた。並行して久静の棺も整えられることになった。悲しみに溺れるのを恐れるように、家臣団はくるくると動き回った。

福山平左衛門はわざわざ大坂へ出向き棺の作製を依頼している。

棺といえば普通は木製であったが、久静の死は伏せられていたので、白木ではいかにも棺桶だと分かって具合が悪い。さりとて家臣としてはそれなりの支度はしたい。また長期間の運搬となるのでしっかりした素材で、しかも相当な大きさが必要だ。夏場のことゆえ、遺体の保存についても考えに入れなければならない。

さまざまなことを考慮して、福山は錫《すず》製の品を誂えた。ところが、いざでき上がると困った事態が起きた。

「うむ……、重すぎる」

久静を安置するとなると、移動は不可能。店側はよもや棺として使うなどとは、考えていなかったのだろう。

「これではいかん。もそっと、軽い品に換えてほしい」

結局、彼が持ち帰ったのはブリキ製の箱だった。

六月二日、帰国組本隊は伏見を出発。旅の名目は北郷蔵人が病気になり帰国するという触れ込みなので、残留組の家臣たちは殿様の黄泉《よみ》への旅路を見送ることさえはばかられた。なんということだろうか、家臣たちの自慢の種であった薩摩一華麗な殿様は、粗末なブリキの棺に覆われて、荷物のようにひっそりと宿屋から運び出された。

主君の去った京都で、都城精忠組は都城隊に加わり任務を遂行していた。

浪人たちの動きを封じ込めるため、久静の死を気取《けど》られてはならない。薩摩から交代要員が駆け付けるまでの期間、都城隊は藩の指示を仰ぎつつ、たった二百人で見知らぬ京都の町の治安を一身に背負わなければならなかった。

暗がりからいきなり刃を突きつけられる恐怖と内心闘いながら、彼らは辻々を見回った。むずかしい仕事をこなしながらも、彼らの表情は明るく冗談さえ言い合っていた。彼らの言動から主君が亡くなったと察する者はいない。

心配することは何もなかった。

公家社会が都城隊を見つめる目は、日を追うごとに変わってゆく。心の襞《ひだ》に痛みをしまい込み、普段と変わらぬ振る舞いができる彼らを、単なる田舎者と蔑《さげす》む者はいなくなった。特に岩倉具視は彼らを高く評価し、維新の際、自身の警護を都城隊に任せている。都城の武士が幕末の京都や伏見、維新後の東京などで活躍するための土台、人的ネットワークはこの滞在中に築かれていた。

そうしてみれば、島津久静の客死はけっして無駄にならなかったといえる。

さて、久光の上京から始まった一連の出来事を境に、宮廷と薩摩藩は急接近した。雅《みやび》な宮廷社会とどこか血のにおいのする薩摩藩とでは、一見すると水と油。だが、近世日本の中でしぶとく生き続けた二つの中世は、底流で通じあうものがあった。両者は不思議なほど息のあった手さばきで、明治日本への扉をひらいてゆく。短い期間とはいえ、都城島津家家臣団が主君の死を秘してまで果たした役割は小さくない。

都城精忠組は久光本隊とともに一足先に上京していたので、京都の地理に明るく裏道に至るまで頭の中にしっかりと入っていた。市内警邏《けいら》の当番では、自然と仲間を先導する役回りになる。

　京都の町に淀むどっしりとした空気は、想いを遺して亡くなった人々の無念、野心、祈り、怨念、秘められた恋のため息などが入り交じって醸し出される独特のものだ。そのような時代の澱《おり》とも余韻ともつかないものが、都の魅力を生み出していた。

　久静の想いもまた、この町を漂っているのだろうか。いやそれはあるまい。久静の想いはまっすぐ都城へ帰ったはずだ。この世で薩摩ほど素晴らしい場所はないし、その中でも都城ほど美しい場所は他にないのだから。

　彼らが見上げる先には、澄んだ青い空が白い雲を浮かべ、久静の棺が辿り着いた緑輝く大地の上へと続いていた。収穫の季節がそこまで来ている。農作業は進んでいるのだろうか。帝のおわす荘厳な御所の塀の前で、彼らはしきりと自分の田畑の様子を気にしていた。

第四章　薩英戦争

この会談が決裂すれば、薩摩藩とイギリスは再び戦火を交えることになる――。

文久三（一八六三）年十月五日昼下がり、横浜の外国人居留区にあったイギリス公使館はただならぬ緊張感に支配されていた。

外国人居留区といっても当時の横浜は道幅も狭く、外国人たちの住まいも簡素な木造平屋建てがほとんどであったが、イギリス公使館は二階建てで相当の広さがあった。

駐日イギリス外交部に勤務していたアーネスト・サトウの回想録『一外交官の見た明治維新』によれば、現在の「横浜人形の家」のあたりに建物があったようだ。今では目の前に海が広がり付近には山下公園や港の見える丘公園などが点在する絶好のデートスポットだが、この頃はまだ漁村の風情《ふぜい》を残していた。

三ヶ月ほど前に起こった薩英戦争の和平交渉は、この公使館を舞台にすでに二回行なわれていたが、双方が持論を繰り返すばかりで一向に着地点を見出せなかった。

イギリス側は三回目にあたるこの日の会合で合意できなければ話し合いを打ち切ると、

事前に日本側に申し入れてきた。

これを聞いた会談の立会人である幕府外国方の役人や、薩摩藩の支藩である佐土原《さどわら》藩（現在の宮崎市周辺）の藩士たちは「すわ一大事」とばかりに慌てふためいたが、薩摩藩から送り込まれた交渉役の重野厚之丞（重野安繹《やすつぐ》）は落ち着き払った様子だった。

重野はのちに実証主義を唱え、歴史学者として帝国大学教授となる人物で、残された写真によれば学者らしく几帳面《きちょうめん》そうな印象を受けるが、冷静沈着な風貌の下には剛胆さを持ち合わせていた。


重野の落ち着きぶりには、それなりの理由があった。

そもそも、交渉事においては、結論を急ぐ側のほうが分が悪い。

イギリス外交部は幕府を脅しつけてさまざまな要求を通してきたが、一地方勢力にすぎない薩摩藩に対して同じ手法が通用しないので困惑していた。一方的に期限を切った高圧的態度は、イギリス側の焦りを示している。これは薩摩にとっては危機ではなく、むしろチャンスだ。

イギリス外交部のトップは代理公使ニールで、休暇で一時帰国中の公使・オールコックに代わり、一連の事態の発端となった生麦《なまむぎ》事件から薩英戦争までの陣頭指揮をとっていた。

若手外交官のアーネスト・サトウは、上司であったニールについて〈身長は普通のイギリス人よりずっと低く、半白の口髭をはやし、額の辺に薄い一つかみの白髪がたれていた。気むずかしく、疑り深い性質だった〉(『一外交官の見た明治維新』坂田精一訳)と述べている。

張りつめた空気に満ちた公使館の応接室で、ニールの横顔に微《かす》かな戸惑いの色を読みとった重野は交渉の成功を確信し、おもむろに口を開く。

「本日は賠償金の件を友好的に話し合いたい。ついては賠償金と引き換えに、我がほうから貴殿らに申し入れたき条件が二つあります」

ニールらは息をつめて重野の次の言葉を待った。

「一つ目は貴国から軍艦を買い入れたいから周旋をお願いしたい。二つ目は、貴国軍艦内に収監されている我が藩の士官両人を引き渡してほしい」

通訳に耳を傾けていたニールの瞳は次第に大きく見開いていった。重野の申し出のうち、後者の条件、士官の引き渡しの件はすんなりと解決できる。けれども軍艦購入の件はあまりにも思いがけなかった。交戦相手に対して、貴国の優れた武器を譲ってほしいという「講和条件」など、ヨーロッパ外交において百戦錬磨の経験を持つイギリス人でさえ、かつて経験したことがない。薩摩の真の狙いは何なのか、ニールの頭のなかは混乱した。

　重野はさらに言葉をつなぐ。

「二つの条件さえ承諾してくだされば、わが薩摩と貴国との懇親は一層厚くなるというもの。私どもも喜んで賠償金をお支払いできます。以上のことは、我々が熟慮のうえで出した結論ですから、貴国側でもぜひご承引ください。もしも不承知ということであれば、談判はこれにて終わりといたしましょう」

　軍艦を譲ってくれれば今すぐにでも講和を結びましょう、それが無理なら談判決裂、もうひと合戦してもよい、……なんという勝手な言い草だろうか。ニールらはぽかんと口を開けたまま、思わず顔を見合わせた。

　薩摩武士は近世日本の異端児である。

　近世の武士道は儒教や禅に基づく倫理観を土台としているが、薩摩武士はこのような形での武士道を行動原理としなかった。それゆえに彼らは明治維新という革命を成功させることができた、これが本書の考え方である。

　このように述べると多くの方々から異論が寄せられるだろう。

　国家の行く末のために自らの命を投げだした薩摩武士の行動は、しばしば武士の鑑《かがみ》と評されてきた。その代表選手が西郷隆盛だ。現在でも書店の棚には西郷隆盛に関する本がずらりと並べられ、根強い人気を誇っている。

無教会主義を唱えた思想家で、文学者でもあった内村鑑三《うちむらかんぞう》はキリスト教社会から「異教徒」と呼ばれている日本人の中にも、道徳的、倫理的に優れた人物がいることを欧米人に示すために、英語で『代表的日本人』を著わし五人の日本人を紹介しているが、その五人の筆頭に挙げられているのが、西郷隆盛である。

内村は同書の中で、明治維新における西郷の業績を〈ある意味で一八六八年の日本の維新革命は、西郷の革命であったと称してよいと思われます〉（岩波文庫、訳・鈴木範久）と高く評価している。内村は西郷を「最後のサムライ」と呼び、西郷の行動の底流には陽明学と禅の素養があると指摘する。

武士道をキリスト教倫理に匹敵する、優れた行動規範だと考えるのは、内村だけではない。内村と同じく、キリスト教信者であった新渡戸稲造《にとべいなぞう》もまた、外国人向けに日本文化を紹介した著作『武士道』のなかで、武士道を支える柱として神道、仏教（ことに禅）、儒教（ことに陽明学）を挙げて説明している。

近世の武士道とは内村や新渡戸が著作で述べたように儒教や禅の思想に基づき、忠誠心や自己犠牲などを重んじる道徳観念であるというのが、私たちの持っているごく一般的な見解であるし、実際、佐幕派、討幕派ともにほとんどの武士の行動原理はこれによっていた。

だが、そうした中にあって「大いなる例外」と言うべき存在があった。ほかでもない、島津家を主君として仰ぐ薩摩藩の人々である。

すでに述べたように、薩摩藩は江戸時代初期に大名家の入れ替えが行なわれた他藩と異なり、鎌倉時代より七百年もの間一つの家の支配が続く。このため表面的には幕藩体制を受け入れながらも、藩の構造の中に中世の色合いが濃く残り、そこで暮らす武士たちの精神構造もまた中世の武士の面影を留めていた。

薩摩武士はすでに失われた「中世武士道」を江戸末期まで守り続けた奇跡の集団である。

広く知られているとおり、中世の武士は領主から賜った土地のために命を懸けた。いわゆる「一所懸命」である。彼らにとっての命をかけて守るべきは何よりも目の前にある「領地」であって、それに比べれば、目には見えない大義や忠孝の精神など、二の次、三の次であった。

明治の文化人たちが褒めそやした、高い精神性を特徴とする近世の武士道は天下泰平の世に形成されたもの。戦争に明け暮れた戦国武士とはよって立つ世界が違う。形ある土地を拠《よ》り所とした薩摩武士は、理念よりも目の前にある現実を重んじるリアリストの集団。形のない精神性を拠り所とした近世の武士たちとは、武士としての矜《ほこ》りの在り方そのものが異なるのだ。

このような彼らの特性がいかんなく発揮された好例が、冒頭で触れた薩英戦争の戦後交渉だ。軍艦購入の斡旋を講和条件の一つとした薩摩側の申し出に、イギリス側はどう応じたのだろうか。（以下の記述はイギリス側史料としてアーネスト・サトウの日記抄である荻原延壽著『遠い崖』と回想録『一外交官の見た明治維新』、薩摩藩側史料として『薩藩海軍史』を参考にしている）。

我に返ったニールは慌て、言葉を選びながら「なぜ貴藩は軍艦がご入用なのか」と尋ねた。

すると重野は堂々と、

「我が藩にはこれまで軍艦が一艘もなく、貴国が周旋を図ってくだされば、我々も面目を施《ほどこ》し、主君への申し訳が立つというもの」

「また、貴国のような軍艦は我が藩どころか、そもそも日本に一艘もない、ぜひとも斡旋をお願いしたい」

熱心に軍艦の性能をほめちぎる重野の瞳はきらきらと輝き、ニールらをさらに啞然とさせた。それというのは他でもない、英国の戦艦の砲撃によって薩摩の町が灰燼《かいじん》と化していたからである。世界広しといえど、自分たちの故郷を焼き払った武器のその性能に惚れこんで、面と向かって敵方に武器をねだる者がどこにいようか。薩摩武士の構想力の飛躍はあまりにも大きすぎて、常人には計り知れない。

そもそも薩英戦争は前年の八月に武州生麦村で起きたイギリス人貿易商・リチャードソン殺傷事件、いわゆる生麦事件に端を発している。

事実上の国主・島津久光の行列に、たまたま出くわしたイギリス人男女四人の乗った馬が突っ込み、列を乱されたことに怒った藩士たちがリチャードソンを斬り殺し、他の二人にも重傷を負わせた。

これに対して駐日代理公使ニールは本国の指示のもと、賠償を請求してきた。

幕府に対しては公式の謝罪と賠償金十万ポンド、薩摩藩に対してはイギリス海軍士官立会いのもとの犯人処刑と賠償金二万五千ポンドという内容だった。十万ポンドは約四十万ドル、二万五千ポンドは約十万ドル（六万三百三十三両一歩）、はいそうですかと右から左へ払えるような金額ではない。

幕府はのらりくらりと話をかわす戦術に出たが、ニールがイギリス極東艦隊の主力を横浜港に集結させるや否《いな》や、アヘン戦争の悪夢が脳裏に浮かびたちまち態度を軟化させた。

しかし一方の薩摩藩は「非はイギリス側にある」として断固、支払いを拒否した。

といっても、薩摩が賠償を拒んだのは、けっして排外主義や国粋主義ゆえではない。

彼らの言い分は「リチャードソンらを殺傷したのは彼らが外国人であったからではな

い。彼らが日本の国法を守らなかったがゆえに斬ったのだ」というものであった。武士の往来を妨害すれば、斬り殺されても仕方がないというのはたしかにそのとおりである。

もちろん、こうした薩摩の「正論」に対して、分別がないと批判することは可能だ。行列を乱したのが町人であるならばともかく、相手は異人ではないか。国内法よりも外交関係のほうを優先するのが当然だろう、とは当時の幕府も考えた。

しかし、薩摩の感覚は違う。

「我らがイギリスに行けば、イギリスの法を守らなくてはいけないのと同様、イギリス人もこの日《ひ》の本《もと》にあっては日の本の法を守るのが当然。それだけのこと」というのが薩摩の感覚である。攘夷でもないし、卑屈になることもない。法は法――薩摩人の考えはどこまでも地に足がついている。

だが、この時のイギリスは、薩摩がそうした「道理」から賠償金を拒否しているとはつゆほども想像していなかった。万事において口先だけは勇敢でも、実は腰抜けの幕府と同様、「圧力をかければ、サツマも折れる」とイギリス人たちは踏む。

事実、徳川幕府はペリーの来航以来、欧米勢の要求に屈し続けてきたといっても過言ではない。攘夷派の公家や諸藩から煽《あお》られると、その時は強気になったりもするが、最後には欧米の要求に従うか、従わないまでも問題を先送りにし続けてきた。

だからイギリス代理公使ニールは、薩摩を見くびった。

文久三年六月二十七日、七隻の英国艦隊を率いて鹿児島湾に侵入した時も、ニールは戦争などするつもりはさらさらなかった。どんなに勇猛なことを言っていても、蒸気船を見れば薩摩の武士たちは仰天して、平伏するだろうと高をくくっていたのである。

ところが案に相違して、艦隊が現われても薩摩側は態度を変えない。そこで、イギリスは薩摩藩所有の三隻の蒸気船を拿捕《だほ》する作戦に出た。

聞くところによれば、三隻の蒸気船を入手するために薩摩藩が払った額は三十万八千ドルであるという。かたやイギリスの求めている賠償金は約十万ドル（二万五千ポンド）。いくら彼らが愚か者であろうと「虎の子」の汽船を差し押さえられては、賠償金を払わざるをえないだろうとイギリス側が考えたのも当然だ。


ところが、である。

七月二日正午、薩摩藩は蒸気船の拿捕を宣戦布告と捉えて戦端を開く。

そこでイギリス側も、拿捕した蒸気船を爆破したうえで艦砲射撃を始めた。艦隊の大砲は火を噴き、折からの強風にあおられ鹿児島城下はあっという間に炎に包まれた。

しかし、それでも薩摩は降伏しないので、イギリスは困った。

こういう事態に発展するとは夢にも思っていなかったので、イギリス艦隊は長期にわたって戦争を継続できるだけの燃料や食糧の備えをしていなかったのである。

そこで、イギリス艦隊は七月四日に碇《いかり》を揚げて横浜へ帰ることになったのだが、どう見ても、この一戦はイギリス側の圧勝だった。ニールらが和平交渉の行方について楽観視していたのは、無理もない。

だが、その予測もまた見事に覆《くつがえ》される。薩摩藩は自らの正当性を主張し、なかなか折れようとしない。それどころか、こともあろうに「イギリスの軍艦を買いたい」と言い出す始末だ。

予測不可能な薩摩側の対応に、イギリス側はさぞかし業《ごう》を煮《に》やしたかと思いきや、案外そうでもない。むしろ、奇妙なことにイギリス人たちの顔色は次第に明るくなってゆく。そもそも、自国の軍艦をここまで誉められれば悪い気はしない。心なしか身を乗り出し機嫌も良くなってきた。

英国「軍艦をご入用とのことだが、いったい誰と戦争をするのですか」

薩摩「今、これといって敵はないが、軍艦は有事のために備えておきたい。また一艘だけでなく、追々《おいおい》数艘注文したいのだがいかに」

ニールはやや考え込み、やがてひたと正面を見据えた。

英国「軍艦の売買は、兵士を売買するのと同じこと。請け合いかねます」

決定的な一言に薩摩側は思わず沈黙した。

これを見たニールは眉を開き、重野の困った顔を楽しむように目を細め、さりながら……と続けた。

英国「我が政府に不用の軍艦があれば、許しを得たうえでお売りできるかもしれません」

緊迫した会場の空気は一転、妙になごやかな雰囲気に変わる。

いつしか両者は立会人の幕府の役人をそっちのけで、軍艦購入に関する具体的な項目を熱心に話し合い出した。

軍艦の大きさ、値段、建設に要する日数、果てはイギリスより船の運航や武器の扱いに慣れた者を薩摩へ派遣しノウハウを伝授するところまで、トントン拍子に話は進む。もはやこれは和平交渉ではなく、商談と呼ぶべき内容であった。

だが、薩摩の人々の「交渉上手」は、これで終わらない。

「貴国の軍艦を買いたい」という申し出はたしかにイギリスにとっては嬉しい話ではあったが、しかし、ここは外交交渉の場である。イギリスとて筋を通さないわけにはいかぬ。

そこでイギリスはふたたび、肝心の賠償金の話を持ち出した。すると薩摩側はあっけらかんと「今は手許《てもと》に金がない、幕府から借りるから数日待ってほしい」と言い放つではないか。

屈託のない薩摩側の態度を見ると、いかにも幕府との間で根回しが済んでいるのだろうと考えてしまうが、実際は違う。

薩摩藩は幕府へ借金を申し入れていたが、返事を保留されていた。幕府の立場になれば、勝手に外国と戦争をして、今度は賠償金が払えないから金を貸せとは随分無茶な話、返事を渋るのもうなずける。

要するに、あと数日あれば幕府から金を引き出せるという、薩摩の言葉には確証はない。にもかかわらず、幕府の役人の面前でこのような約束をしてしまうのは、幕府首脳へプレッシャーを与えるためでもあった。これにより幕府は、賠償金の問題から無関係ではいられまい。なんという厚顔さであろうか。幕府の役人の辟易《へきえき》とした表情が目に浮かぶ。

ニールは部下のサトウにさえ〈気むずかしく、疑り深い性質〉と評された男だ。幕府と薩摩の間の深い溝に気づかないはずはない。

ところが、あろうことかニールは薩摩案を快諾する。彼は、事なかれ主義の幕府はイギリスとの関係悪化を極度に恐れている、薩摩に大金を出してでも和平を贖《あがな》うはずだ、と踏んだのだ。

これで交渉はめでたく終わった。だがよく考えてみると、イギリス側が薩摩藩に突き付けた要求のうち賠償金は確かに一応の決着をみたが、もう一つの件——イギリス人貿易商・リチャードソンを殺害した犯人をイギリス海軍士官立会いのもと処刑する——、生麦事件の本質とも言うべき肝心要の件は未解決のままだ。

もちろん、イギリス外交部はこの件に関しても追及したが、薩摩側は申し訳なさそうな表情を浮かべ、下手人を捜索したがどうしても見つからない、と言ったきり取り付く島がなかった。ニールらはこの言いわけを頭から信用していなかったが、これ以上この件で争ってもイギリス側が得るものは少ないと判断し、生麦事件の犯人の件を不問に付した。

かくして薩摩とイギリスとの間には、いつしか和気藹々《あいあい》とした雰囲気が生まれた。この時、イギリス側は知らないうちに、すっかり薩摩藩の術中にはまってしまったといってもよいだろう。

イギリス外交部は薩摩藩の意表を突く申し出に翻弄されているうちに、自覚のないまま、自然と敵国である薩摩藩への信頼を深めてゆく。

今回の戦争で鹿児島の町は焼かれ、三十万八千ドルで購入した虎の子の蒸気船も煙と消えた。経済的な視点でのみ比べると、イギリスへの賠償金の支払いを拒んで薩英戦争に至った薩摩藩の損害は幕府よりも遥かに大きい。その点においては幕府の選択のほうが合理的ではあった。

しかしイギリス外交部は、さっさと賠償金を払った幕府よりも、自分たちを散々手こずらせたあげくに、軍艦買い入れまでを申し出た薩摩藩のほうを確かな交渉相手として認める。

合理と非合理が一人の人物の中にすんなりと同居している矛盾——旗本や他藩の武士たちを懼《おそ》れさせた「負のカード」がひらりと裏返り、「正のカード」としてイギリス外交部を惹きつけた。これを境に薩摩藩とイギリス外交部は急接近し、時代は一気に動き出す。

ところで、十万ドルの賠償金を幕府から借りるほど、手元不如意だったはずの薩摩藩が、どうしてイギリスから最新鋭の軍艦を何隻も購入する約束をできたのか、疑問を抱く方もあるかもしれない。

だが、ご心配には及ばない。薩摩藩の財布は、他の人が払ってくれる場合には空っぽなのだが、ほしい物があればどこからともなくカネが出てくるという、まことに都合のいい、不思議な仕掛けになっていた。

実際、薩英戦争ののち、薩摩藩ではイギリスの支援のもと、大胆な軍事改革が行なわれ、兵備の西洋化が大きく進む。薩摩は三百諸藩の中でも、最新鋭の武器を有する軍隊を保持することになった。

もちろん我らが都城の人々が、こうした新しい動きに対して積極果敢に動かないわけはない。

薩英戦争終結の翌々年に当たる慶応二（一八六六）年三月、都城島津家は重信弥一郎ら数人を長崎に派遣し、英式兵法を学ばせるとともに洋式銃を数百挺購入した。

また、薩摩藩では慶応三（一八六七）年、長崎において一括購入したミニエー銃一万挺を藩士の持ち高に応じて強制的に割り当てている。当時の日本においては最新鋭の銃であるのだから、もちろん高価で、藩士たちにとっては相当な負担であったと推測されるが、藩からの割り当てとは別に、都城ではさらにミニエー銃を買い足している。

〈小銃も長崎辺で最初はわずかに二三百挺といふくらいの注文をして居りましたけれども、これも二大隊以上、三四千挺くらいの備えもできまして〉（『史談会速記録』第二百八十輯）

藩全体で一万挺にもかかわらず、一私領の都城で三、四千挺所有しているというのはいかにも多い。しかし負けず嫌いで、新しもの好きな彼らにとってはけっして多すぎる数ではない。彼らの美学では、武士たる者は一流の身なりで戦場に向かうべきなのである。新品のミニエー銃を手に入れた彼らは、都城領内の数ヶ所に設けられた訓練場や射撃場などで、実戦さながらの軍事演習に余念がなかった。事が起これば、藩内で一番勇猛果敢な者どもが誰なのか、はっきりさせてやるのだと彼らはしきりと息巻く。

そしてその望みのとおり、彼らがふたたび京師の地を踏む時が近づいてきていた。

第五章　日本最強の部隊

久静の死から五年後の慶応三（一八六七）年十一月七日、大坂土佐堀の船着場に薩摩藩士たちの一団が到着した。

そのなかに、若者ばかりで構成された、ひときわ威勢のよい小隊があった。都城島津家家臣団である。彼らはこの年の七月に藩の命を受けて都城で新たに編成された部隊で、総勢百二十一名の大半を十代後半から二十代の若者が占めていた。

大坂で彼らを出迎えたのは、辻々に満ちる「ええじゃないか」の掛け声だった。ええじゃないかはお札降りをきっかけに民衆が集まり踊るという騒動で、夏ごろから全国的に広まっていた。たいていの場合まず寺社のお札が降り、その後お札降りがあった家では施行《せぎょう》（功徳のために僧や貧民などに物を施すこと）を行ない、近隣の人々が押し掛け、祭りのように踊り明かすという段取りであった。

囃子《はやし》に合わせて町を練り歩く人々をよくよく眺めると、男は女装を女は男装をしている。情報収集のために大坂入りしていた駐日イギリス外交部の通訳生アーネスト・サトウも、この光景に出くわしたという。

〈家という家は色とりどりの餅、みかん、小さな袋、藁《わら》、花などで飾られている。着物はたいてい赤いちりめんだが、なかには青や紫のものもある〉（萩原延壽『遠い崖』六）

夜遊びに出たサトウらがお目当ての店に着くと、主な部屋はみな踊りの集団に占拠されていた。

〈私たちが立ったまま、部屋の交渉をしているところへ、踊り狂った若者連中や子供たちの一団が、とても華美な衣裳の丸々とした人形をのせた輴《かご》をまん中にかついで、あちらこちらに揺り立てながら、ぞろぞろと入ってきた。その家にいた宴会のお客はみな、（中略）家の部屋部屋を区切る襖《ふすま》の敷居のところへ迎いに出てきた。そして、居合わせた者が一緒に踊り狂ったのち、イイジャナイカの一団は再び姿を消した〉（『一外交官の見た明治維新』）

凍てつく空の下、頭に提灯をかざし夢中で乱舞する人々は、まるで燃え盛る松明《たいまつ》から飛び散った火の粉のようだ。小さな集団同士が街角で合流し、踊りの列は次第に長くなる。

「ええじゃないか！　ええじゃないか！」

「ええじゃないか！　ええじゃないか！」

社会の地殻変動により溢れだした民衆のエネルギーが、大坂の夜空を赤く染めていた。

この年の五月、幕府が兵庫開港に踏み切ると、薩摩藩上層部は討幕へと舵を切った。

今までの本書の流れからすると、本来は「国際派」であるべき薩摩藩上層部がなぜ兵庫開港に反対し、それを口実に討幕へと進むのか、その理由が分かりづらい。

黒船以前から貿易に積極的な薩摩藩からすれば、兵庫開港はむしろよろこばしいことなのではないだろうか。同じような疑問を抱いたアーネスト・サトウの問いに、西郷隆盛が明快に答えている。

〈西郷　わたしの主君は、兵庫開港そのものには反対ではありませんが、兵庫を他の条約港とおなじやりかたで開港することには反対です。つまり、われわれは、兵庫が日本全体の利益となるような仕方で開港されることを望んでいるのであって、たんに幕府の私利をこやすために兵庫が開港されることを望んではいないのです。

サトウ　というと、あなたがたは、どういう方法で兵庫を開港しようというのですか。

西郷　兵庫開港に関連する一切の事項を、五名ないし六名の大名からなる委員会の手にゆだねることによってです。そうすれば、この委員会は、幕府が利益を独占するために勝手に行動するのを防ぐことができるでしょう〉（『遠い崖』四）

最も重要なのは次の点だろう。

〈西郷　兵庫は、われわれにとって、きわめて重要な港です。われわれはみな大坂の商人に金を借りています。それを返済するために、われわれは毎年藩の物産を大坂の商人に送りとどけなければなりません。もし兵庫が横浜とおなじ仕方で開港されるならば、われわれの財政は大混乱をきたすでしょう。

サトウ　なぜあなたがたが兵庫をそれほど重視するのか、よくわかりました。兵庫問題は、あなたがたの最後の拠点なのですね〉（同上）

確かに兵庫港は彼らの最後の砦だった。

すでに幕府は西洋諸国と通商条約を結び、横浜をはじめとする諸港を順次開いていた。この結果、外国船は琉球を素通りして、本土の港へ直接に向かうため、鎖国政策を逆手《さかて》にとって貿易を柱の一つにしてきた薩摩藩の財政は大きな打撃を受けた。そのうえ、背後に金融都市・大坂を控えた兵庫港までもが幕府の管理下に置かれ、そこから生み出される利益を幕府が一元管理するとなれば、薩摩藩の経済は間違いなく破綻する。

だが、第十五代将軍・徳川慶喜《よしのぶ》は兵庫港を横浜と同様の方式で開港し、利益を独占する考えだった。

彼は諸外国に兵庫開港を宣言し、朝廷の承認を得るため着々と準備を進めてゆく。前年末に慶喜が将軍職に就《つ》くのと前後し孝明天皇が崩御する。まだ少年の明治天皇が玉座に即《つ》くと、頑《かたく》なに攘夷にこだわった先帝の御代《みよ》と異なり、宮廷から開港の承認を得る可能性は高くなっていた。

そもそも、慶喜と薩摩藩の関係は複雑だ。

久光の兄で名君の誉れ高い先代藩主・斉彬は、病弱な第十三代将軍家定《いえさだ》の後継者に水戸徳川家の一橋慶喜を推し、その実現のために奔走していた。ところが、第十四代将軍には紀伊藩主だった家茂《いえもち》が就くことになり、慶喜を擁立していた斉彬自身も急逝する。この結果、安政の大獄の嵐が吹き荒れ、一橋派は粛清の憂き目に遭ってしまう。

そんな彼らの復権に尽力したのが、斉彬の実弟である久光だった。

斉彬と久光とは薩摩島津家第二十八代当主の座を巡って、ともに担がれた過去がある。結果、当主は兄・斉彬となったわけだが、兄弟仲は不思議なほどに良好だった。斉彬は久光の堅実な人柄や学識を高く評価し、藩主となってからは何かと相談を持ちかけていた。一方の久光も多才で華やかな存在である兄を深く尊敬していた。二人はおたがいに自分にないものを相手に見出して、支え合っていたという。

それゆえ斉彬没後、事実上の国主となった久光が打ち出した基本方針は斉彬路線の継承であった。彼は他の雄藩と語らい、一橋派の復権に尽力する。

しかし、実際に慶喜が復権して幕政を握ると、たちまち彼らは失望を味わう。久光らは慶喜に対して、雄藩をも参加した形での新しい政治体制の構築を望んでいたが、慶喜が行なったのは揺らいだ幕府体制を再構築すること。そこに雄藩の出番はない。

このような経緯があったから、なおさら兵庫開港問題はおたがいに絶対譲れない、政争の核心となったのである。

島津久光（薩摩）、松平春嶽《しゅんがく》（越前）、山内容堂《やまのうちようどう》（土佐）、伊達宗城《だてむねなり》（宇和島）は揃って上洛し、兵庫開港承認問題を先送りし、長州藩処分問題を解決すべきだとの建言をまとめた。

幕府は第一次長州征伐で恭順の意を示した同藩にとどめを刺そうと、第二次長州征伐を計画したが、反対に各地で長州軍に敗北し、先代将軍・家茂の死をきっかけに撤兵した状況になっていた。この長州の件を蒸し返すことにより、雄藩側は幕府の弱体化を天下にさらそうという作戦である。

だが、慶喜は四侯の建言を退け、宮廷に圧力をかけて兵庫開港の承認を得る。四侯側も力を尽くしたが、有栖川《ありすがわ》宮家出身の生母を持つ慶喜への宮廷側の信頼を覆すことはできなかった。慶喜との間に亀裂が入ったまま、久光らは京都を後にする。

後になって振り返ってみれば、まさにここが討幕への分岐点となった。

というのも、六月に入ると薩摩藩は討幕の検討に入り、九月に入り長州藩、安芸藩（広島）との間で出兵協定を結んだからである。

薩摩藩と過激な攘夷思想を唱えていた長州藩とは長年反目し合っていたが、四ヶ国連合艦隊の下関砲撃により攘夷が容易でないことを悟った長州藩が藩論を転換すると、土佐藩を脱藩した坂本龍馬、中岡慎太郎らの仲介で、薩長両藩は密約を結び同盟関係となっていた。

討幕挙兵計画は、㈠薩摩軍が三田尻《みたじり》へ向かう、㈡それを合図に長州軍と安芸軍も出発、㈢三藩が大坂に到着するや在京の薩摩・安芸軍が御所を抑え「一挙奪玉（一気に「玉」＝天皇を奪い）」、㈣二条城、大坂城を抑え込む、というもので決行は九月末ときまった。

複雑な政治情勢ゆえに前置きが長くなったが、本章の冒頭に登場した都城隊は、このような流れを受けて結成された。

言うまでもなく、この都城隊結成の目的は倒幕にある。

武士の王国・都城はかねてより長崎で三、四千挺のミニエー銃を買い込み、藩内でも最新鋭の装備を整え、来るべき日に備えていた。

それゆえ藩から出兵要請が下ると、日頃の成果を試す機会がいよいよ到来したと上を下への大騒動になった。前回の上京は久静や朝廷の護衛役であり、しかも久静が客死するというアクシデントもあったが、今回の上京はいよいよ都城島津家の本領発揮になるに違いない。彼らは千人規模で出陣する心づもりであった。

ところが、他の地域との釣り合いを考えた藩から一小隊に制限され、幹部たちは頭を抱えてしまう。折角の機会を目の前に、涙をのんだ志願者も多かったという。

そんな騒動もあったが、七月六日、都城隊の隊士たちは鹿児島へ向け出発する。彼らは紺色木綿製の筒袖野羽織《つつそでのばおり》と、同じく紺色木綿製のパッチの組み合わせに身を固めていた。これらは都城島津家から支給されたもので、精一杯西洋式を取り入れた当時としては最新式の品々だった。他にも彼らには西洋式銃、制服の着替え、合羽《かっぱ》(雨具)、与力提灯、ワッパ(弁当箱)、水筒などが支給されている。

我々は日本一強い部隊である。

冗談ではなく、彼らは本気でそう考えていた。藩主催の実弾訓練が行なわれた際、彼らの腕前は鹿児島城下でも評判を呼び、藩主・忠義から特別お褒めの言葉があったほどだ。日本一強い武士の揃った薩摩藩の中でも特別なのだから、つまり我々は日本のなかで一番強いのだ、というのが彼らの言い分だった。以後、彼らの動きを、籠谷真智子著『都城と戊辰戦争』、『都城市史』などを参考に追ってゆこう。

明日にも出陣する勢いで鹿児島に乗り込んだ都城隊であったが、藩からの出撃命令は一向に下らず、そのまま彼らは秋までとどめ置かれることになった。久光や忠義が推し進めようとした討幕挙兵計画に、藩内から異論が噴出したのだ。主な要因は財政難だった。

されど、長州藩、安芸藩との約束もある。困った薩摩藩上層部は一足先に外城や私領の藩士たちを中心とした部隊を出発させることにした。これならば財政問題もとりあえず回避できる。都城隊もここに組み込まれることになった。

十月三日、三隻の蒸気船が鹿児島を出港。

兵員の数は史料によって異なるが、本書では一千人程度としておこう。船の中に、都城隊の面々の雄姿が見られたことはいうまでもない。

十月八日、薩摩部隊は長州藩三田尻に到着。

ところがここから先がまた長かった。一行は中之関に移動させられ、二週間ほど艦内に過ごす羽目に陥る。薩摩藩本隊の出発の遅れから、挙兵計画全体を見直す必要が出てきたからだ。都城隊はぼんやりと一日中海ばかりを眺めて過ごしていた。

十月二十三日、西郷隆盛、大久保利通、小松帯刀らが艦内に姿を見せる。

大政奉還という大ニュースを知らされ、艦内は大いにどよめく。この時、西郷らは討幕の密勅も携えていたが、そのことを知らされた者は限られていた。

続いて西郷らから一同へ命令が下された。都城隊らの乗船していた三隻の蒸気船は鹿児島へとんぼ返りして、藩主・忠義をはじめ残りの部隊を乗せて上京する。ついては艦内の者は全員下船し、長州藩の船を借りて大坂へ先行するように、と。

こうして、都城隊のほとんどの者は何が何だか分からないうちに蒸気船を下ろされ、長州藩が用意してくれた早船に詰め込まれ、冒頭で述べたように大坂に到着した。その後、彼らは別部隊とともに西本願寺別院に駐屯し、周辺地域の警邏《けいら》任務に就く。

十一月二十三日、藩主・忠義が兵を率いて京都薩摩藩邸に到着。

忠義が率いた兵員の数も史料によって異なり、千人から三千人の幅がある。薩摩藩と呼吸を合わせるように長州藩、安芸藩の兵も続々と上京し、あとは討幕を実行するまでとなった。

十二月九日、王政復古の大号令を発する。

激動する幕末日本、その渦中にあって都城隊の活躍ぶりはいかばかりといえば、さにあらず。

王政復古の翌日、十二月十日に彼らは本隊に編入され、西本願寺別院から伏見屯所（伏見区東堺町）へ移動し、そこで相変わらず淡々と周辺地域の警護にあたっていた。驚いたことにサトウの日記によれば、大坂の街角にはいまだに「ええじゃないか」の掛け声が響き渡っていたという。

〈祭りが続いているので、町という町は夜になっても煌々《こうこう》と明るく、ひとびとはまだ踊りくるっている。しかし、もう祭りにはうんざりだ〉（『遠い崖』六）

サトウ同様に都城隊の隊士も、夜毎に流れるお囃子の音に嫌気が差していた。時折彼らはこの祭りが永遠に続き、近所の警護と軍事演習を繰り返す自分たちの生活もまた永遠に終わらないのではと不安に駆られた。

だが、どんな祭りにもかならず終わりは訪れる。

十二月十二日、慶喜が二条城から大坂城へ退却した。ついに幕府は京都から撤退することになったのだ。

この事態の急激な変化を受けて、伏見の警備を担当していた都城隊に大きな災難が降りかかる。

あの新撰組が京都を引き上げ、伏見奉行所を拠点に周辺地域の守護に乗り出したのだ。

改めて説明するまでもないが、新撰組は幕府によって集められた浪士組を基にする組織で、隊員には武芸に秀でた者たちが採用されていた。その後、京都守護職・松平容保《かたもり》（会津藩主）御預かりとなり、名称を浪士隊から新撰組と改め、京都守護や反幕府勢力の制圧にあたった。

もともと寄せ集め集団であった彼らは厳しい内部規律を課しており、違反した者は誰であろうと粛清された。中核メンバーであった伊東甲子太郎《かしたろう》も討幕派と気脈を通じたとして、脱隊したのちに暗殺されている。新撰組は伊東の背後で薩摩藩が糸を引いたとみて、それ以後、深い恨みを抱いていた。そんな新撰組と同じ縄張りで仕事をするというのだから、なんとも厄介なことになったものだ。

ただでさえ忙しい都城隊に、さらなる仕事が加わる。

都城隊は半数ずつ左、右二班に分けられ、本来の任務の他に、京都九条の東寺《とうじ》におかれた本営役所警衛にも駆り出されることになった。本営勤務の際には朝五時に東寺に到着し、夕方伏見の屯所へ戻るという強行軍だ。

なぜこのような仕事がまわってきたかといえば、都城隊が京都の町に慣れているためだ。これまでも薩摩藩士は城下士を中心に、久光とともに何度か上京していたが、藩邸などで過ごすことが多く京都の町の一部しか知らない。まして外城や私領の武士たちに至っては、初めて上京したという者がほとんどだ。そのなかで、京都警備の経験のある都城隊の存在は貴重だった。

そのうえ都城隊は、鳥羽街道方面と宇治方面の警邏も担当することになった。能力のある人のもとへ仕事が集まるのは世の常、それにしても分量が多い。

しかし彼らは喜んで新たな任務も抱え込んでしまう。

都城隊はまだ暗いうちから起き出し、紺色木綿の上着とパッチを着こみ、防寒用に同じく紺色木綿の袷《あわせ》野羽織をはおり、刀吊《かたなつり》の白木綿帯を腰のあたりでびしっと決めた。帯は前結びにして端はそのままたらし、左肩には背負袋をかけ、頭の上から頭巾をかぶる。

動きやすく作られた軍装は京都の冬にはやや薄着で、南国育ちの薩摩藩士たちの中には身を縮めている者もあったが、都城隊は平気だった。霧深い都城盆地の気候は京都のそれとよく似ている。冬になると霜柱が大地を押し上げ、人々はザクザクと音を立てながら道を行き交うのだ。

身支度のなかで一番肝心なのは目印である。

薩摩藩は全員に肩章または腕章を配布したが、真似されて悪用される恐れがあるため、その他にも目印になるものを身につけ、それをたびたび変更していた。

都城隊が当初用いていたのは白湯手、つまり手拭いで、ある時は鉢巻風に頭に後ろ結びをし、またある時は肩や腕に結ぶなどさまざまな工夫をこらしている。隊員同士左右を見回し本日の目印を確認すると、お互いの無事を祈りつつ各々の仕事場へと散っていった。


ところで、薩摩藩は幕末になって軍制を改めて制服を定めていたが、多くの藩では軍服が統一されておらず、また浪人や農民から兵を募ることもあったので、同じ藩内でも同士討ちが起きるのはしょっちゅうだった。同じ藩でもそうなのだから、遠目に他藩の武士を見て、どこの藩の者か見分けるのは至難のわざ。

都城島津家の記録を見ても、伏見警備がなかなか簡単ではなかったことが知られる。それによれば、不審者に出会った場合の対応として、㈠「どこの藩の者か」と問い「長州藩だ」と言われたので通した、㈡加賀藩の紋章をつけていたので、よく分からないけれども多分加賀藩だと思って通した、などの例が報告されている。

これでは相手方に騙す気があれば、言い繕《つくろ》って簡単に検問をすり抜けることができる。一触即発の緊急事態かと思いきや、予想に反してのんびりとした雰囲気が漂っている。革命とは勇ましいように聞こえるが、案外、現場はこんなものなのかもしれない。

実際、敵対する新撰組とも激しい争いは起こらず、近所の風呂屋で鉢合わせすることもしばしばだったが、おたがいすんなりとやり過ごしていた。むしろ新撰組にとっては内輪もめのほうが問題であった。都城隊の記録でも、局長・近藤勇《いさみ》が発砲を受けて暗殺されそうになった現場の目撃談が残されている。それによれば近藤は「あっ」と声を上げ鞍の前輪にうつぶせになり、役屋敷まで馬で駆け込んだとある。

十二月二十七日、都城隊の半隊が天皇臨席のもと行なわれた共同軍事演習に参加している。

この日新政府は建春門外にて、薩摩、長州、土佐、安芸藩の部隊に演習を行なわせた。『明治天皇紀』によれば、まず土佐藩が約二十人ずつ二小隊で運動を行ない、次いで安芸藩が約二十人ずつ四小隊で運動を行ない、長州藩は約四百人で大隊運動を行なったという。

最後はいよいよ薩摩藩の番だ。やや頬を紅潮させた都城隊の隊士の顔も見える。揃いの服を着て整列した薩摩藩士たちは他藩の度肝を抜こうと、演技が始まる前からすでにわくわくしていた。

一瞬の静けさののち、会場に大音量の西洋音楽が響き渡った。

イギリス式に兵制を改めた薩摩藩は、各小隊に大太鼓役、小太鼓役、喇叭《ラッパ》役、笛手役など楽器を扱う役目を置き、大隊行進の際には各小隊の楽士が一つに集められ軍楽隊を構成し、先頭に立ち西洋の行進曲を演奏していた。

音楽のリズムに乗り、なんと千五百人もの兵士が隊列を組んで歩き出した。頭に丁髷《ちょんまげ》をのせて西洋の音楽を奏でている楽士や、それに合わせてやはり頭に丁髷をのせた藩士たちが、手足を振り大真面目に行進している姿を思い浮かべるとなんとも面白い。

勇壮な行進曲と、兵士たちが大地を踏みしめる足音が重なりあい、一つのメロディーを作りだす。御簾《みす》越しに会場を眺めていた明治天皇はそれを心地よく聞いた。

天皇はこの時、満十五歳、白い絹の着物に緋色の袴をつけ、頭には普段用の冠をかぶり、手には扇をにぎっている。顔には白粉《おしろい》を施し、頬紅、口紅を差し、剃った眉の上方に眉を描きつけ、歯を鉄漿《おはぐろ》で染めていた。伝統的な衣装に身を包んだ若き天皇は、この日から崩御の日まで彼の傍《かたわ》らで絶えず鳴り響くことになる勇ましいリズムに耳を傾けた。

怒鳴りつけるような号令に従い、兵士たちの足音は右へ左へと動いてゆく。やがて兵士たちの足音がぴたりと止まり、再び駆け出すと地鳴りがした。明治天皇の治世で初めての戦争が、あと数日で始まろうとしていた。

慶応四年一月二日、幕府軍は京都へ向けて進軍を開始した。

王政復古ののち、新政権内では慶喜の処遇を巡ってせめぎ合いが続き、状況は慶喜に有利に展開しつつあった。

もし彼が新政権内に復帰するようなことになれば、薩摩や長州は苦境に立たされてしまう。そんな時都合よく起こったのが、庄内藩による江戸薩摩藩邸焼討ち事件だ。

三田にあった薩摩藩の藩邸を、庄内藩が砲撃したこの事件は、浪人たちを使った薩摩藩の攪乱《かくらん》作戦に庄内藩がまんまと乗ってしまった結果だといわれている。だが、その一方で、幕府側の主戦論者たちが開戦の口実にされると承知のうえで、庄内藩もあえて攻撃したという説もある。

いずれが真相であれ、「薩摩藩邸焼討ち」の知らせを聞き、かねてより京都からの退却に内心不満を募らせていた幕臣たちの中から「薩摩討つべし」の声が沸き起こり、抑えきれない事態となった。

戦国武士の荒ぶる魂を幕末まで保ち続けた薩摩武士は例外として、平和な時代が続く間に他藩の藩士は牙を抜かれた獣のように大人しくなっていた。されど彼らもやはり武士だった。抑えつけられてきたものが爆発すると、それをきっかけに彼らのなかで眠っていた野性が一気に目を覚ます。一度火がついてしまえば、彼らは行きつくところまで行くしかない。

この時、慶喜は風邪で寝込んでいたが、事情を伝え聞き、開戦に難色を示した。おそらく彼の体内にも先祖から受け継いだ野性の種が眠っていたはずだが、同時に彼のなかには母方から受け継いだ皇室に繋がる、高貴な「紫の血」も流れていた。それゆえか彼の体温はきわめて低く、野性の種は一向に芽吹く気配がない。慶喜は頭から布団をかぶり、激情にかられる家臣たちを冷ややかに眺めていた。

寝巻のまま着替えようとしない慶喜を置き去りにして幕府軍は動き出す。これにより新政権側は討幕の口実を得たが、幕府軍一万五千余りに対して新政権側の兵力は三分の一程度、圧倒的に幕府軍のほうが有利であった。


両軍激突の事態に、いよいよ「日本一強い部隊」都城隊にも出番が巡ってくる。

肥田景之の証言を通して、彼らの奮戦ぶりを眺めてゆこう。肥田はこの時まだ十七歳、都城隊には応募者が殺到したため一家から一人しか参加できないことになっていたが、彼は関係者を拝み倒して兄とともに上京する。運命の日、肥田は仲間十名とともに岩倉具視の護衛を担当していた。彼らは参内する岩倉のお供で御所へ向った。

その後、宮門傍で岩倉の帰りをじっと待っている彼らに、「幕府軍起《た》つ」との情報が伝わったが、なにせ任務中なので動けない。夜になって岩倉とともに御所をさがり、彼らにあてがわれた岩倉家内の長屋の二階にいると、そこから薩摩藩士たちが鳥羽・伏見へ繰り出してゆく様子が見えた。若者たちはいても立ってもいられない。

「こんなところで悠長にお公家様の警護をしている場合ではない」

「今すぐ出陣だ！」

騒ぎ立てる一同をなだめすかし、交代要員が来るまで待ってくれと、肥田は押しとどめた。翌朝六時半に交代要員が顔をのぞかせると、彼らは直ちに薩摩藩本営の置かれていた東寺まで駆け付けたが、すでに本隊は出陣した後だった。肥田らは本隊を追って走り出した。

一月三日午後五時、鳥羽方面で銃撃戦が始まった。

大目付・瀧川具知が鳥羽街道を北上し入京しようとしたところ、薩摩軍との間で押し問答となり、強引に通過しようとした瀧川に対して薩摩側が発砲する形で戦闘状態に入った。両者の間で激しい撃ち合いとなったが、日が暮れて周囲が暗くなったことからひとまず戦いは終わった。

初陣《ういじん》を飾る絶好の機会にもかかわらず、肥田兄弟は竹田街道周辺の警備に回されたため、戦端が開いたのを知らずにいた。彼らが本隊に戻ると、すでに敵の姿はなかった。しきりと悔しがる肥田の兄に、友人の野津鎮雄が声をかけてきた。

野津は後に陸軍中将となり、弟の道貫は陸軍元帥となる。野津はにこやかに肩を抱く

と、

「そこら辺に、敵の死骸が累々としておる。外に分捕《ぶんどり》の大小銃もたくさんあるから見てみろよ」

と、やや自慢げに戦況をこまごまと教えてくれた。

このような話を聞くと薩摩武士としては、自分も是非ひと働きせねばと思ってしまう。丁度その時、暗闇の彼方から銃声が響く。肥田兄弟は反射的に音の聞こえた方向へと走りだした。周囲は暗闇、若者たちは前後に注意を払いながら道を進んだ。

〈途中軍装している、二十三十の者にしばしば出会いましたけれども、皆味方と心得、敵とは気付かなかった、もっともその時の合印《あいじるし》は白木綿で襷《たすき》を掛けた、ところが敵も同様の襷、同様の印しをしておったために私等は虎口を逃れた〉（『史談会速記録』第二百八十輯）

敵味方双方が同じ印をつけていたので、おたがいに相手のことを味方だと思っていたとは笑い話だが、この肥田兄弟一行は若者ばかり十五人ほど、怖いもの知らずの大冒険はまだまだ続く。

竹田街道沿いの町に入ると、右の方に兵士が整列していた。彼らはまたしても味方だと思いこみ悠然と歩いていると、突如後ろから銃撃を受けた。敵だった。彼らは慌てて反撃を試みる。どうやら敵は大勢のようだ。彼らは適当にパラパラと撃ちかけ、追手がこないのを幸いに一目散にその場を逃げだした。

やっとの思いで伏見の薩摩藩邸につくと、屋敷から火の手が上がっていた。鳥羽方面と時を同じくして、伏見でも銃撃戦が繰り広げられ、火災により町の南部は焼き払われたという。

「お前ら、どうしてここに来た」

ふいに、物陰から薩摩藩士が顔をのぞかせた。そこで彼らが得意げに大冒険の経緯を説明すると、

「それはいかん、実に危険だ。そこいらに賊軍がうようよおるぞ」

と諫められた。事情が分かると急に怖くなる。同じ道でも帰りは恐る恐る進むため、相当な時間がかかってしまった。彼らが本営に帰ったのは未明すぎ、そっと足をしのばせて体を横たえた。

一月四日、仁和寺宮《にんなじ》嘉彰《よしあき》親王が征討大将軍に就任し、天皇から錦旗《きんき》、節刀を賜った。その足で仁和寺宮は錦旗を翻し、東寺へと入る。錦旗の出現に薩長陣営は奮い立ち、日和見《ひよりみ》を決め込んでいた藩は選択を迫られることになった。

まず伏見の淀《よど》藩がよろめいた。

淀藩はぴたりと城門を閉ざし、幕府軍を入城させなかった。淀藩は譜代の大名家で、

藩主は時の老中・稲葉正邦、いわば現職閣僚である。殿様は江戸にいて留守中で、重臣たちが入城を拒んだとはいえ、幕府側の受けた衝撃は計り知れない。ここから裏切りの連鎖が始まった。

ところで、これほど皆が崇める錦旗だが、実は宮中に伝わる伝統的な品でも何でもない。

錦旗は岩倉具視と大久保利通が相談のうえ、国学者の玉松操《たままつみさお》が大江匡房《おおえのまさふさ》『皇旗考』をもとに作図し、大久保の妾のおゆうが京都で買った生地を、長州藩の品川弥二郎《やじろう》が萩へ持ち帰り、地元の有職師《ゆうそくし》に縫わせたという代物である。品川はのちにドイツ公使や内務大臣、枢密顧問官などを歴任する人物だ。

秘密裏に作られたという割には多くの人の手を経ており、どこか文化祭の展示物でも作るような楽しげな雰囲気さえ感じられる。このような代物が、官軍か賊軍かを見分けるリトマス試験紙の役目を果たしてしまうのだから不思議なからくりとしかいいようがない。岩倉、大久保、品川トリオは、プロパガンダの魔術師だった。

錦旗の威力は絶大で、幕府側の士気は日を追うごとに低下した。

兵力でまさる幕府軍が味方の裏切りにより敗走する――。

この構図はどこかで見た。そう、関ヶ原の戦いの構図とすこぶる似ているのだ。

鳥羽伏見の戦いと関ヶ原の戦いは、一枚の写真のネガとポジのような関係で、東軍

（徳川）と西軍（島津・毛利）の攻守が入れ替わっているのがミソだ。相手側の裏切りを誘発してもぎとった徳川の天下が、自らの譜代の臣の裏切りにより失われようとしていた。

錦旗のもと、都城隊も奮戦中。

戦いの二日目、肥田少年らはこの日も朝から右往左往する。

まず伏見の方へ向かったが御所の方から砲撃が聞こえ、すわ一大事とばかりに走りだすも、官軍が潜伏中の幕府軍を攻撃したものと分かり、今度は下鳥羽へと西へ急ぐ。

下鳥羽から、その南の淀にかけては砲撃が激しいのだが、竹が茂っていて敵味方の区別がつかない。兄の言いつけで肥田が周囲を探索していたところ、竹藪から歌声が聞こえ、ふとそちらを見ると名前を呼ばれた。薩摩藩の高島鞆之助《とものすけ》である。高島はのちに陸軍軍人となり、陸軍大臣、枢密顧問官などを歴任する。

高島に誘われ、ともに戦おうとすると、頃合いを見計らったかのように長州藩の山田顕義《あきよし》隊が現われた。山田は法典編纂に尽力し、のちに司法大臣を務める。山田隊は太鼓を打ち鳴らし軍歌を歌いながら敵中へ飛び込んでゆく。だが意気込みほどには強くなかったようで、肥田らは慌てて加勢をしている。のちに衆議院議員となる肥田のネットワークは、この戦時下で作られたものだともいえる。

戦争の三日目、彼らは朝から疲れていた。

前夜は敵と対峙したまま、竹林に野営を張った。冬山の寒さはたとえようもなく、さすがの都城隊も霜に苦しめられ、寝不足のうちに朝を迎えた。日が昇り凍りついた手足が温まると、彼らは淀堤まで進軍する。

すでにそこは激戦場で、多くの負傷者が出ていた。血のにおい、うめき声、砲撃の音。前夜の疲れはたちまち吹っ飛び、彼らのなかの野性が騒ぎ出す。肥田兄弟ら二十人ばかりの若者は、他の隊を押しのけ薩長軍の先頭に出た。

ところが、堤の下には九十ばかりの伏兵が彼らを待ち構えていた。たちまち、敵も味方も分からないまま大乱闘が始まった。咄嗟《とっさ》のことで、肥田は敵と対峙したまま、斬ることも突くこともできない。彼らの頭の上を弾丸が飛び交う。

ふと気がつくと、肥田の頭から血が激しく噴き出している。傷口を手拭いで押さえていると、仲間が駆けつけ両側から助け起こしてくれたが、そこから先の記憶が途絶え……。

我に返ると、そこは病院だった。

彼は病床で兄が亡くなったことを知らされた。肥田の兄は部下の負傷者を避難させようと肩を貸したところを、敵から狙撃を受け耳をやられたという。それでも彼は前線に復帰し、今度は真正面から二発の弾丸を受け亡くなった。こよなく兄を尊敬していた肥田は悲しいというよりも、ただ呆然とした。思わず目を閉じると頭が割れるように痛い。

肥田少年は生まれてはじめて戦争というものの本質に触れた気がしていた。

一月六日夜、慶喜は大坂城に幕府軍諸隊の主だった者を集めた。

戦いが始まってからこの日まで、彼は風邪と称して大坂城を一歩も出ない。大広間に集まった人々は口々に戦いの続行を叫び、慶喜自身の出馬をしきりと願った。その声に押されるように、ついに慶喜が口を開く。

「されば、これより出立すべし。一同、用意をせよ」

先頭に立って自ら戦う意思を示した慶喜の言葉に、広間は歓喜に包まれた。おたがいに決死の覚悟で戦い抜こうと誓いあい、急ピッチで出陣の準備が始まった。ところが、である。

〈予はその隙《すき》に伊賀・肥後・越中（松平定敬）らわずかに四、五人をしたがえて、ひそかに大坂城の後門より脱け出でたり。城門にては衛兵の咎《とが》むることもやといたく気遣いたれど、御小姓《おこしよう》なりと詐《いつわ》りたるに欺《あざむ》かれて、別に怪《あや》しみもせざりしは誠に僥倖《ぎようこう》なりき〉

（『昔夢会筆記』）

七日午前二時、なんと慶喜は配下の者を見捨て、数人の供を従え、小姓に化けて城を抜け出したのである。

というのも、慶喜は錦旗と戦いたくなかったのだ。

慶喜の皇室に対する強い想い入れは、生家水戸徳川家の独特な教育により育まれた。慶喜が二十歳の時のこと、父の徳川斉昭は彼を手元へ招いて諭した。

〈おおやけに言い出だすべきことにはあらねども、御身《おんみ》ももはや二十歳なれば心得のために内々《うちうち》申し聞かするなり。我等は三家《さんけ》・三卿《さんきよう》の一として、幕府を輔翼《ほよく》すべきは今さら言うにも及ばざることながら、もし一朝《いつちよう》事起こりて、朝廷と幕府と弓矢に及ばるるがごときことあらんか、我等はたとえ幕府には反《そむ》くとも、朝廷に向かいて弓引くことあるべからず。これは義公《ぎこう》（水戸光圀《みつくに》卿）以来の家訓なり。ゆめゆめ忘るることなかれ〉（同上）

たとえそれが幕政に逆らうことになろうとも、我ら水戸徳川家が朝廷に向かって刃向かうことがあってはならない――この言葉は、明治四十年に慶喜が述べた事柄ゆえに、天皇家への崇敬の念をことさらに言い立てている点を差し引いて考えなければならないが、同家が尊王思想の強い御家柄であったことは事実のようだ。

水戸光圀は「水戸黄門」の名前でテレビドラマなどでもおなじみの人物であるが、彼が後世に遺した仕事として最も大きなものは『大日本史』という歴史書の編纂である。『大日本史』は神武天皇から後小松天皇までの時代を、中国の儒教的な歴史観に当てはめて記述し、明暦三(一六五七)年に編纂が開始され最終的にでき上がったのは明治三十九(一九〇六)年という、息の長いというか長すぎる事業だ。そのため途中で、でき上がった部分のみ出版され、これが大きな評判を呼ぶ。

『大日本史』は淡々と歴史を記述するのではなく、儒教的な名分論に基づき政権の正閏《せいじゅん》(正統か否か)や人物評価を下すのが特徴だ。「君は君、臣は臣」と、君臣関係を突き詰めてゆくと、日本の国家秩序は天皇を頂点とし、徳川家はその臣下となる。

関ヶ原の戦いを思い返していただきたい。徳川家康は天皇家から天下をお預かりしたわけではなく、豊臣家から武力で奪い取ったのだ。それを儒教的な解釈で正当化しようというのが、水戸光圀の『大日本史』編纂の当初の意図するところであったはずが、長い年月のあいだにどんどんと理論が変化していった。

『大日本史』の編纂過程で発展した思想を水戸学という。

水戸学は前期と後期に分かれ、ことに後期の水戸学は全国の志士たちに多大な影響を与えた。薩摩藩の西郷隆盛らが私淑した藤田東湖も、長州藩の吉田松陰が教えを請うた会沢正志斎《あいざわせいしさい》も、ともに水戸藩に仕え、斉昭のブレーンであった人々だ。吉田松陰の門下生には、高杉晋作、久坂玄瑞《くさかげんずい》、伊藤博文、山縣有朋など長州藩出身の人材が名を連ねている。

斉昭が真顔で息子に、〈我等はたとえ幕府には反くとも、朝廷に向かいて弓引くことあるべからず〉と語る陰には、彼らの薫陶があった。

幕末に志士たちの間に広まった尊王論は、もとはといえば水戸藩の学者たちが紡《つむ》ぎ出したものである。だが、それが巡り巡って錦旗が翻っただけで並みいる大名家が次々と恐れ入ってしまう事態となり、水戸藩出身の将軍・慶喜の首を絞めるとは、これほど見事な皮肉もないだろう。

そのうえ将軍自身が母方の血を誇り、理念的に天皇家を崇めた志士たち以上に、天皇家への生理的な尊敬を抱いているのだから、自らの首に絡んだ糸をほどくすべもない。

七日朝、将軍が姿を消したことに気がついた幕臣たちは唖然とした。

大将が部下を置いて敵前逃亡するなど聞いたこともない話だ。武士道以前の問題である。あきれ果てたのはイギリス人も同様だった。

〈大君《たいくん》が大坂から逃走したやり方は感心できない。大君自身にも、その側近にも、勇気というものがほとんど感じられない〉（パークスよりハモンド外務次官への半公信、一八六八年二月十五日付）（『遠い崖』六）

〈これは日本人の目から見ても、ヨーロッパ人の目から見ても、またいかなる点から見ても、不面目な次第であった〉（『一外交官の見た明治維新』）

サトウは大坂城の状況を視察している。

〈城の前はたいへんな群衆で埋まり、門を守る番兵の姿は見えなかった。奉行の役宅の門を叩いてみたが、返事はなかった。あきらかに逃亡してしまったのである。群衆は声をあげて笑った〉(『遠い崖』六)

江戸幕府は将軍という核、まさに中心の中心から崩壊した。社会の底辺から噴き出したマグマは、国家の新たな形を求めて大地の上をのたうっていた。

慶喜の「敵前逃亡」から四ヶ月を経た五月末、都城隊に奥羽遠征の援軍として出軍命令が下った。

本営から遠征支度として毛布一枚と、目印の腕章として「幅二寸、長さ五寸」の錦切《きんぎれ》が配布された。錦切は錦旗にちなんだ品ということなので、一同は太陽の破片でも受け取るかのように、両手でありがたく拝受した。

この時、肥田景之は赤痢に苦しんでいた。

〈まだ若年ではあり病院に入ることは潔《いさぎよ》しとせぬので、入院して治療をしろと申されましたけれども、やはり従軍しておりました。しかし困るのは船中で便通の場合など、誠に困難でした。それで始終甲板の便所の側に寝転んでおったのであります〉(『史談会速記録』第二百八十一輯)

これでは船内に赤痢が蔓延《まんえん》してしまう。よくもこれほどはた迷惑な話が許されたものだが、たとえ十七、八の若造でも武士が意地を示せば、まかり通ってしまうのが薩摩藩である。

穏やかな波に揺られる旅の無聊《ぶりよう》を慰めるため、楽士たちが楽器に手を伸ばす。新政府軍の間では、「トコトンヤレ節」という歌が流行していた。この歌は錦旗の製作に携わった品川弥二郎の作と伝えられている。

〈宮さま宮さま御馬の前のびらびらするのはなんじゃいな、トコトンヤレトンヤレナ
ありゃ朝敵征伐せよとの錦の御旗じゃ知らないか、トコトンヤレトンヤレナ
伏見・鳥羽・淀・橋本・葛葉の戦いは、トコトンヤレトンヤレナ
薩長土しのおほ（合う）たる手際じゃないかいな、トコトンヤレトンヤレナ
音に聞こえし関東士どっちゃへ逃げたと問うたれば、トコトンヤレトンヤレナ
城も気概も捨てて東《あずま》へ逃げたげな、トコトンヤレトンヤレナ〉（『戊辰戦争』）

蒸気船・三邦丸は日本一強い部隊を乗せ、大海原を滑るように前進する。手拍子、がなり声、ラッパ、太鼓などさまざまな形の音符が潮風に舞い上がった。

第六章　島津、分断す

歴史の流れの中には、それ以前の世界とそれ以後の世界とを明確に分ける決定的な瞬間がある。このようにきわめて特別な瞬間を、作家シュテファン・ツヴァイクはSternstundeと表現した。これは彼の編み出した造語で、日本語に訳せば「星の時間」と詩のように美しい詞となる。

〈芸術の中に一つの天才精神が生きると、その精神は多くの時代を超えて生きつづける。世界歴史にもそのような時間が現われ出ると、その時間が数十年、数百年のための決定をする。そんなばあいには、避雷針の尖端に大気全体の電気が集中するように、多くの事象の、測り知れない充満が、きわめて短い瞬時の中に集積される〉

〈時間を超えてつづく決定が、或る一定の日附の中に、或るひとときの中に、しばしばただ一分間の中に圧縮されるそんな劇的な緊密の時間、運命を孕《はら》むそんな時間は、個人の一生の中でも歴史の径路の中でも稀にしかない〉（『人類の星の時間』片山敏彦訳）

砂を嚙むような日常の堆積をつんざくまばゆい閃光により、時代の景色は一変する。

明治四（一八七一）年七月十四日、日本はまさに星の時間を迎えようとしていた。

午後二時、皇居大広間、明治天皇は在京の知藩事《ちはんじ》五十六名を召集した。知藩事とは、版籍奉還後に各藩の藩政を任されていた地方官のこと。政府はこれに各藩の大名をそのまま任命していた。

一部の者を除き、彼らはなぜ自分たちが一堂に集められたのか皆目見当がつかなかった。天皇が出御すると知藩事らは一斉に平伏し、やがて彼らの頭の上を三条実美《さねとみ》の糸を引くような声が流れだした。

「廃藩置県の詔《みことのり》」である。

大広間は水を打ったように静まり返った。事前にこの件を知っていた者は、新政府首脳のごく一部、薩摩・長州・土佐・佐賀の知藩事（土佐は代理の板垣退助）にでさえ、伝えられたのはほんの四時間前のことだった。廃藩置県は王政復古に次ぐ第二のクーデターとされているが、藩主クラスを話し合いに参加させず、ごく限られた薩長両藩の中・下級武士出身者がひそかに語らい、国家の枠組みそのものを変えてしまったのだから、王政復古を遥かに超える真の意味でのクーデターといえた。

大広間を埋めた知藩事たちにとっては寝耳に水の出来事、さぞや驚愕したものと推察されるが、この場で異を唱えるものは誰一人いなかった。

二百七十年続いた藩が崩壊し、同時に日本国が出現した。

一夜にして国家の形が変わった。大ニュースはたちまち駐日外交団の間を駆け廻り、本国への報告のため彼らは情報収集に追われた。

七月二十日(太陽暦:九月四日)、岩倉具視はイギリス公使館を訪れている。

廃藩置県に伴う人事異動で岩倉は外務卿に就任したばかり、またイギリス外交部のトップは公使・パークスが帰国中のため代理公使・アダムズが務めていた。

岩倉・アダムズ会談には、イギリス公使館に滞在中のオーストリア外交官・ヒューブナー男爵も加わっている。彼はバチカン大使やフランス大使などを務めた大物外交官で、退職後の世界漫遊旅行の過程で日本へ立ち寄っていた。ヒューブナーは岩倉の印象を書き留めている。

〈彼の顔立ちには強い印象を与えるようなものは何もない。ただ、話をするときの眼光の鋭さ、口元に浮かぶ辛辣さは印象的だった。彼の言葉は簡潔で、やや素っ気ないくらいだ。彼の立居振舞いは上流社会の人間のそれで、飾り気がなく、ゆったりとして自然である〉(『オーストリア外交官の明治維新』市川慎一・松本雅弘訳)

岩倉は、前藩主たちの今後について説明した。

〈現在江戸に参集しているすべての前大名は、知藩事《ちはんじ》の職務を免じられた。同様にして、のこりのすべての前大名も、まもなくその職務を解かれるであろう。かれらはすべて以前の居城をあとにし、夫人や家族とともに、江戸に永住することが期待されている。これはちょうど、かつて京都に住んだ公卿の場合とおなじである。前大名のうち、有能な者は政府の役職に就けるであろうが、これからは出身階級の如何を問わず、できるだけ才能のある人物を選び、これらの人物を重要な地位に据えなければならない。このようにしてはじめて、政府の中央集権化がしだいに実現し、各省の権力が全国にゆきわたるようになるであろう。これはじつに包括的な計画である〉（『遠い崖』八）

明治三年、武家華族（前大名）の住所は東京と定められていた。それ以降も彼らは知藩事として旧領内に住み続けるが、これを政府機構の制度に当てはめて考えてみると、本来彼らは東京に住むべきだが、「たまたま」家族を伴い地方へ赴任しているという形になる。

廃藩置県に伴い、全知藩事には辞令が発令された。つまり、彼らが藩に住むべき法的な根拠はすでに失われており、直ちに東京へ戻らなければならないという理屈になる。すべての前大名が東京に永住するという岩倉の説明は、このような制度に裏打ちされていた。

これに対してアダムズはあまりにも急速な改革を危ぶむ言葉を口にしている。

〈あなたの言う計画がきわめて包括的なものであることは、疑いの余地がないが、わたしが不安をおぼえざるをえないのは、政府は騒動や流血を見ることなしに、その計画を

実現できないのではないかという点である〉（同上）

岩倉はアダムズに今や新政府は力を蓄えており、騒動や流血を見ることなしに廃藩置県は完了するだろうと告げた。

岩倉の言葉通り、廃藩置県は各地で円滑に遂行された。

一例として福井藩の様子を見てみよう。

廃藩置県の知らせが藩へもたらされると藩士たちは驚愕した。当時福井藩から招聘《しょうへい》され、藩校で教鞭をとっていたアメリカ人のW・E・グリフィスは騒ぎ立てる彼らの姿を目にしている。

藩士たちの動揺を鎮めたのは福井藩の知藩事で、斉彬の盟友であった松平春嶽だ。彼は城の大広間に家臣たちを召集し、藩や藩主への忠誠心を愛国心へと変えるように諭したという。

翌朝、彼は慌ただしく城を去った。

〈人口四万の全市民（と私には思われた）が道々に集まって、越前の藩主が先祖からの城を後にし、何の政治的権力もない一個の紳士として東京に住むため、福井を去っていくのを見送った〉（『ミカド』亀井俊介訳）

日本各地で平和裏に権力の委譲が行なわれる事実を目の当たりにして、各国外交部は日本政府に讃辞をおくったが、イギリス公使館は事態を楽観視していなかった。廃藩置県が成功するか否かは薩摩藩の動向にかかっている、と彼らは考えていた。

薩英戦争以来、イギリス外交部は薩摩藩と深く関わりあい、その政治力、外交力を高く評価してきた。彼らが心情的に討幕派へ傾いていったのも、薩摩藩の存在があったればこそ。独立心に富む薩摩藩が、日本の一地方都市の立場に甘んじることができるのか、彼らには甚だ疑問だった。

幸いなことに、彼らには薩摩藩内に格好の情報提供者がいた。

かつてイギリス公使館に勤務していた医官、ウイリアム・ウイリスである。戊辰戦争の際、ウイリスは薩摩藩に請われて兵士の治療に当たった。そのことが彼の運命を変えてしまう。新政府は西洋式の大学病院の設立を目指しており、彼に協力を要請したのだ。従来、ウイリスの日本での医療活動に関する定説では、政府の方針がイギリス医学からドイツ医学へと転換したために、彼の身柄を薩摩藩が引き受けることになったとされている。

だが『遠い崖』によれば、政府がウイリスを解雇したのではなく、彼自身が人間関係の柵に悩み辞意を決意していたところに、薩摩藩側からの働きかけがあったという。

いずれにせよ、ウイリスは月額九百ドル（イギリス公使館時代は二百二十ドル）という破格の待遇で、鹿児島病院にて地域医療や医学生の育成に当たっていた。

多くの若手薩摩武士と直《じか》に接した経験から、この地に来る前のウイリスは薩摩は旧幕府よりもずっと先取の気風がある、開明的な土地だと思っていたようだ。ところが、実際に赴任してみれば、その先入観はまったく間違いであった。

〈ここに来てから、藩主夫人の母堂をのぞくと、それ以外の藩主の家族のだれとも会っていません。じつのところ、藩主の父（島津久光）は、頑強な漢方医の信奉者で、西洋医学に好意をもっていないのです。彼は外国人に近づくことを嫌う、日本の守旧派のひとりだと思います〉

〈ここの風習は、多くの点で、日本の他の場所とちがっています。たとえば女性の髪の結い方が非常にちがいます。婦人は月に二度しか髪を結わないそうですが、髪油を大量に使います。あらゆる階級の女性が、鳥、樹木、自然物などをあしらった、じつに奇妙な模様の着物を着ています。男性は和洋折衷の、ひどい服装をしています〉

〈ここほど食べ物に無関心なところはないでしょう。癩《らい》病（筆者註・ハンセン病）をはじめ、さまざまな病気が蔓延しているのは、この点に原因があるにちがいありません。腐りかけていて、いやな臭いのする豚肉ほど、珍重されるのです〉（ウイリスよりパークス夫人への手紙、一八七〇年七月三日付）（『遠い崖』八）

ウイリスはアダムズに対して「廃藩置県を含め、あらゆる改革がこの地で上手くゆくのか疑わしい」との手紙を綴っている。イギリス公使館は薩摩藩の動きを注意深く見守っていた。

廃藩置県の知らせが鹿児島へ入ったのは八月に入ってからのことである。西郷隆盛は新政府に出仕する際、久光との間で廃藩を行なわない旨の約束を取り交わしていた。ところが、その当の本人が廃藩置県の仕掛け人の一人なのだから、久光から見れば裏切り以外の何ものでもない。

なまじ西郷の言葉を信じていただけに、久光の怒りは凄まじかった。鬱屈した気持ちを晴らすため、花火を打ち上げさせたと伝えられている。だが、流石《さすが》の久光も表立ってあからさまに政府を批判するような行動には出なかった。島津一族の殿様たちもまたしかりであった。

島津一族の反応が抑制されたものであったのは、廃藩置県とよく似た改革が二年前に藩内で実施されていたため、ある程度の心構えができていたからかもしれない。

明治二年正月、戊辰戦争から凱旋した兵士たちが、藩政改革を求めて声を上げ始めた。彼らは若手の中・下級の城下士を中心とした人々で、「門閥打破」を合言葉に新しい時代にふさわしい人材登用を要求し、藩内各地で運動を展開した。

錦江湾《きんこう》の北岸に位置する加治木《かじき》では領主館に多数の兵士たちが押しかけ、一部の家柄だけに特権が与えられていることに抗議する事件が起きた。彼らの背後には、西郷隆盛の参加を要請している。

この時、藩主・忠義は日当山《ひなたやま》温泉に滞在中であった西郷を自ら訪ねて、藩の執行部への応援があったといわれている。

深刻な事態を受けて、大規模な藩政改革を断行する運びとなった。

西郷は新政府からの誘いを断わり政治との距離を置いていたが、三顧の礼に応えて藩の幹部として改革に大鉈《おおなた》を振るう。西郷の行なった改革を大雑把にいってしまえば、都城島津家のような門閥や、私領、外城の上級武士の禄を減らし、それを財源として中・下級の城下士の禄を増やすというものであった。

具体的にその内容を見てみよう。

まず、私領地は領主から藩へ返還され直轄地となり、領主の持高を大幅に減少させる。これにより都城島津家の持高は四万石弱からなんと一気に千五百石となってしまった。各領主は領地から切り離され鹿児島へ集められ、その代わりに藩から選ばれた有能な人材が地頭として派遣された。このあたりは廃藩置県ととてもよく似ている。

また、私領各家の家臣は藩の直参となり、彼らの給与は藩から直接支払われることになった。ところが彼らは、五十石以上の所有を禁止されてしまう。「門閥打破」という合言葉のもとに、都城島津家のような家柄の持高が削減されるのは理解できるが、なぜ私領や外城の武士まで割を食わなければならないのだろうか。その裏には商品作物栽培などで城下士よりも格段に裕福となった彼らに対する、城下士たちの複雑な感情があるようだ。陪臣《またもの》として彼らを蔑《さげす》む一方で、彼らよりも貧しい生活を強いられてきた城下士の鬱積した気持ちが垣間見られる。

藩内各所で粛々と改革が進められるなか、唯一、藩の方針に不満をあらわにした地域があった。

都城である。この時、都城島津家当主は、久静の一人息子久寛《ひさひろ》。藩の命に従い、彼は叔父らとともに鹿児島へ向かったが、家臣団は納得せず、久寛を地頭に迎えたい旨の嘆願書を抱えて執行部の間を奔走した。

都城島津家家臣団には幕末から維新まで、藩の活動の一端を支えてきたという強い自負がある。彼らが率先して敵の中へ飛び込んでいったのは、亡き久静の無念を晴らし、幼い久寛の存在を藩内で押し上げてゆきたいという願いがあったからだ。ごく初期の段階から志士運動に参加していたのに禄を減らされ、そのうえ新しい地頭を迎える「改革」など、とうてい受け入れられる話ではない。

しかし嘆願書は却下された。

都城の地頭に任命されたのは三島通庸《みちつね》。三島は西郷からの信頼に厚く、後に山形、福島、栃木などの県令を歴任し警視総監となる。藩内最大の私領の地頭に任じられ、三島は希望に胸をふくらませて都城へと到着した。彼は精忠組の出身だったので、志士運動の仲間である都城精忠組の面々が何かと力になってくれるはずと期待していた。ところが三島を待っていたのは、かつての仲間、都城精忠組を含めた人々の冷たい視線だった。

早速役宅に掲げられた「地頭・三島弥兵衛」と書かれた看板が斬りつけられるという手荒い歓迎を受ける。身の危険を感じた三島は早々に鹿児島へ逃げ帰り、再び赴任するものの、またまた鹿児島へ舞い戻るということが繰り返された。

都城の人々が当主・久寛の地頭就任にこだわった原因が、主家と家臣の強い結びつきにあることは間違いない。しかしそれと同時に、都城が鹿児島からの支配を嫌う自立心旺盛な土地柄であることも忘れてはならない。彼らにとって、都城とは縁もゆかりもない藩から差し向けられた役人に統治される「改革」など、賛同できるはずがない。

しかも三島は武士といっても最下級御小姓組の家格で、父親は鼓《つづみ》の師匠をしていた。都城島津家当主・久寛の後釜に座るにしてはあまりにも家柄が低すぎる。このような点も彼らにとっては我慢がならなかった。三島が彼らに認めてもらうには相当な努力が必要だった。

このように見てくると、薩摩藩の藩政改革はまるで廃藩置県の予行演習のようだ。廃藩置県のために藩政改革を行なったわけではないが、結果として西郷らがこの実験から学んだことは大きい。これらのことを踏まえて、政府がどのような手を打つつもりなのか、島津一族はお手並み拝見とばかりに静観していた。

それからしばらくの間、鹿児島は至極穏やかだった。

領地を藩へ返上した都城島津家は、鹿児島稲荷町に新しい屋敷を構えた。本書では、これ以降の都城島津家の動向を、同家の事務所の日誌を翻刻した『都城島津家日誌』（以後『日誌』と表記する）を通して眺めてゆくことにする。この年、都城島津家当主・久寛は満十二歳、まだ元服前の少年であった。

都城島津家には二十歳前後と思われる久寛の写真が残されているが、無骨な薩摩武士からぬ繊細な美貌に驚かされる。久光自身はそれほどでもないのだが、彼の子孫には美しい顔立ちの者が多い。薩摩一の名花と謳《うた》われた久光の生母・お由羅《ゆら》の血筋なのだろうか。その中でも久寛の美しさは格別で、憂いを帯びた瞳が見る者を惹きつける。

幼くして両親を失い、父方の祖父も他界してしまうと、母方の祖父・久光が久寛の後見役となった。久光は多くの孫のなかでも取り分け久寛に目をかけている。彼が孤独な身の上ということもあるが、それだけが理由ではない。

久寛と久光は性格がそっくりなのだ。

彼らはともに良く言えば芯が強く、はっきり言えば恐ろしく頑固で、一度言い出した

島津久寛

ら相手が誰であろうと主張を貫き通す点が共通していた。意地っ張りな孫に、久光は自分自身を重ね合わせ苦笑いすることもしばしばだった。

藩政改革後も、久寛の周囲には相変わらず多くの家臣たちが傅《かしず》いていた。「改革」により彼らはすでに正式な家臣ではなかったが、久寛が鹿児島へ移転したあとともお世話を続けている。このように公的な主従関係がなくなってからも、元主家の家政に携わる者のことを御加勢人《ごかせいにん》と呼ぶ。他の家にも御加勢人はいたが、都城島津家はことのほか人数が多かった。

都城島津家は彼らに給与を払っていない。彼らは都城・鹿児島間の交通費、鹿児島滞在にかかる諸経費のすべてを自分の財布から捻出し、交代で久寛のもとへ通い屋敷の運営を仕切っていた。藩政改革により彼らの持高は五十石までに抑えられてしまった。そのことを考え併せると彼らの献身は並たいていのことではない。

ところで石高を減らされたにもかかわらず、なぜ御加勢人たちは久寛のもとへ通うことができたのだろうか。そこには私領ならではのからくりがあった。

彼らが削減されたのは表高というもので、これとは別に彼らは身分に応じて自作の農地を所有していた。さすがの「改革」もこの農地までは及ばなかった。水田地帯である都城では、表高よりもむしろ自作の農地から上がる収入のほうが多いほどだ。こうして彼らは文字通り手弁当で、都城島津家に尽くしていた。

『日誌』によれば、久寛は選抜された学友とともに藩校・造士館《ぞうしかん》に通う傍ら、それとは別に漢籍、習字などの専門の先生に付き、剣術の稽古にも余念がない。そのうえ島津一族内で開催される遠乗りや狩りなどのお付き合いも忙しい。

また都城島津家は、久寛の母方の叔父つまり久光の息子たちや、父方の叔父たちなどを中心とした藩内の上流階級の若者たちのたまり場になっていたようで、彼らが出席する宴会が頻繁に開かれている。口うるさい両親や面倒な妻子がいないので、皆が気兼ねなく集まれるのだろう。このような楽しい席には御加勢人たちも同席していた。

そのため都城島津家にはつねに大量の酒が貯蔵され、名産の芋焼酎はもちろんのこと、琉球の泡盛、ブランデー、シャンパンなどの洋酒も豊富だった。しかし面白いことに日本酒はない。

余談だが、旧薩摩領内では最初にお湯を入れて後から焼酎を入れる、というのが主流らしい。これをうっかり逆にすると、怒られてしまう。焼酎とお湯の比率については各家庭で流儀が異なり、焼酎六：お湯四、焼酎五：お湯五、焼酎四：お湯六、このあたりが一番多いと聞く。旧薩摩領内では現在でも、新入社員は最初に部内全員の酒の好みを覚えなくてはならないとか、仕事でミスをしても上司に許してもらえるが焼酎の作り方を間違えると怒られるなど、嘘か本当か分からない笑い話がまことしやかに伝えられている。ちなみに都城島津家では焼酎六・お湯四で割る。

宴会料理には刺身や煮物の他に、鶏肉、鳩、雉《きじ》、鶉《うずら》、猪、鹿、兎などさまざまな肉類が供され、食後には枇杷《びわ》、琉球西瓜、龍眼肉《りゅうがんにく》などの南国フルーツを楽しんでいた。久寛の好物なのか、卵や砂糖がたっぷり入ったカステラも食卓には欠かせない。

『日誌』から窺える都城島津家の暮らしぶりと、前に述べたウイリスの薩摩藩に関する情報とはまったく異なる。島津一族の生活レベルと一般の薩摩藩士のそれとはかなりの落差があったのだろう。久寛は貿易立国・薩摩藩の支配者一族にふさわしく、ゆったりとした日々を送っていた。だが冬になり、政府から廃藩置県に伴う重大発表があると、彼の身辺は俄《にわか》に慌ただしくなった。

政府は約三百あった旧藩の大々的な整理統合を行ない、十一月末までに三府七十二県とした。

地方行政の効率化を図る目的があったが、その裏には中央集権の妨げとなる地方の力をそぐという意味合いもあった。

そのため豊かであった地域をわざわざ分断し、歴史的背景の異なる地域同士を組み合わせ、一つの県とするようなことがあちらこちらで行なわれた。これにより日本各地で従来からの文化的地方区分と行政的地方区分とがずれたまま今日に至っている。

もう一つの特徴として挙げられるのが、旧幕府軍側には厳しく雄藩側には甘いということ。新政権樹立に貢献した藩の多くは分断されず一つの県となっていた。

ところが、である。第一の功労者であるはずの薩摩藩はなぜか鹿児島、美々《みみ》津《つ》、都城の三県に分断されることになってしまった。十二月に入り、この知らせが届けられると、薩摩藩内には衝撃が走った。

さらに彼らの怒りの炎に油を注いだのは、薩摩藩が三分割されたにもかかわらず、長州藩は山口県へ、土佐藩は高知県へと分断されることなく一つの県へ移行したことだ。薩摩藩は長州、土佐藩と同様に、いやそれ以上に新政府に貢献したはず、これは一体どうしたことだろうか。

『明治国家と地域社会』（大島美津子著）によれば、当初大蔵省が作成した第一次案では、薩摩藩は鹿児島・都城・美々津県へ三分割、長州藩は三田尻・豊浦《とようら》県へ二分割、土佐藩は高知・中村県へ二分割と決められていたという。この案は大蔵省のトップの大久保利通と、その部下の井上馨（長州藩）との間で練られたものだ。

ところがその後、太政官の審議を経る段階で旧藩側からの揺り戻しがあり、再び大蔵省へ戻された時には、三田尻・豊浦県は山口県へ、高知・中村県は高知県へと一つの県として復活し、薩摩藩の三分割のみが貫徹されてしまったのだ。

廃藩置県の目的を考えれば、勢力を持つ雄藩を分断しなければ意味がないので、大久保ら薩摩藩出身の政府高官たちが自藩の利益を捨てて、三分割を貫き通したことは評価されるべきだろう。だが、細かな経緯を知らない地元の藩士たちにしてみれば、薩摩藩だけが貧乏くじをひかされたように感じてしまうのも無理はない。

各県の長官には鹿児島県は大山綱良《つなよし》、都城県は桂久武、美々津県は橋口兼三（明治五年一月より福山健偉）と、いずれも旧藩士が任命されたが、このような優遇措置も分県という事実の前にはかすんで見えた。

時代の変化はまず、薩摩藩の心臓部から始まった。

廃藩置県に伴い、県庁機能が鶴丸城旧本丸から城外へと移転し、空になった旧本丸は兵部省《ひょうぶしょう》へと引き渡され、鎮西鎮台第二分営（陸軍熊本鎮台分営）となった。久光個人の邸宅である旧二の丸は引き続き使用が認められていたが、隣り合う旧本丸に見知らぬ兵士たちが入営すると久光の心中は波立つ。

薩摩藩の司令塔、鶴丸城には天守閣がない。

近世の建築としては、城というよりもむしろ館《やかた》といったほうがふさわしいかもしれない。薩摩藩は領内各所に武士を分散して住まわせ、藩が一つの要塞である。ことさらに立派な天守閣など不要だ、というのが島津家の考え方であった。

だが、この鶴丸城の無防備さこそが、軍事大国・薩摩藩の矜《ほこ》りそのもの。その城内を我が物顔で歩く兵士たちを見るにつけ、久光の神経はピリピリと逆立った。


薩摩藩の三分割は久光でさえ予想がつかないことであったのだから、まして都城の人々にとっては青天《せいてん》の霹靂《へきれき》である。

「我々はなぜ鹿児島県からはずされてしまったのか」

日を追うごとに動揺が広がった。薩摩藩の端に位置する都城は鹿児島とは一線を画する自立性の高い地域であったが、その一方で薩摩武士としての矜りも人一倍高い。自分たちがその発足にあれほど貢献した政権から、なぜこのような仕打ちを受けるのか、彼らにはまったく理解ができなかった。

直情型の都城の人々は、頭に血が上ると何をしでかすか分からない――怒りのあまり花火を打ち上げた自分のことを棚に上げ、久光は彼らの動向を気にかけていた。と同時に、行政区分が分離した今、彼らとの結びつきをさらに強める必要性を感じていた。

幕末から維新にかけて、久光はどれほど都城の人々に助けられたことであろうか。戊辰戦争後、門閥打破が叫ばれた時も、彼らは孫の久寛を地頭にするべく働きかけてくれた。いざという時に頼りになる都城の人々は、久光にとってもはや手放せない存在とな

『日誌』表紙（明治四年正月〜十二月）

っていた。

やがて久光は素晴らしいことを思いつく。久寛を退学させ旧二の丸で教育するのだ。久寛に関するニュースはどんな些細なことも、逐一都城へ報告されている。このニュースもかならずや数日中に都城へと届くはずだ。彼らはそこから久光が都城について気遣っていることを知るに違いない。

武力により幕府を倒すかと思えば、その一方でこのような繊細な心遣いをさらりと示すこともできる久光は、相当にしたたかな政治家である。

四方八方丸く収まりめでたしめでたしという雰囲気なのだが、唯一収まらないのが学校を辞めさせられた久寛だった。

学校は彼が都城島津家当主から十二歳の少年に戻れる貴重な場所であった。いくら豪華な設備が整っていても、友だちと離れて祖父の家で叔父たちを相手に勉強するというのでは気が進まないのもうなずける。『日誌』のなかで、彼は不満をあらわにしている。風邪と称して引きこもり、旧二の丸への登校を拒否したのだ。だがすぐに仮病の種も底を尽き、彼は御加勢人たちに連行されるようにして渋々旧二の丸へ通い出した。

明けて明治五（一八七二）年、この年の正月は島津一族にとって忘れられないものとなる。

旧本丸が藩庁から陸軍熊本鎮台分営へと衣替えしたため、例年通りの正月行事は行なえなかった。また元藩主・忠義は東京に留まり、彼に率いられて上京した総勢三千百七十四名の藩士たちも政府直属の御親兵へ繰り入れられ帰郷することはなかった（以後本書では東京へ向かう意味で上京を使用する）。

御親兵には若手の中・下級の城下士がこぞって動員されたために、鹿児島城下は普段から閑散としていたが、正月になるとなおのこと際立つ。例年の正月であれば、城郭内は年始の挨拶に訪れる晴れ姿の旧臣たちでごった返していたが、この年は訪れる客もまばらでさびしい限りだった。

現在でも、一年のうち一番強く伝統を感じる日は正月である。その日に例年とはあまりに違う光景を見せつけられ、島津一族は時代の流れを実感していた。悲劇はこのような状況で起こる。

久光の二男で、元家老の島津久治が自殺したのだ。

久治が徐々に精神を蝕《むしば》まれていったのは、藩政改革の際、川村純義《すみよし》らから討幕挙兵に反対したことを糾弾され家老職を辞職したのがきっかけといわれている。川村は後に海軍軍人となり、明治天皇からの信頼に厚く昭和天皇の幼少期のご養育係となるが、この時はまだ改革派の旗手で門閥打破の急先鋒だった。

久治が討幕挙兵に反対した理由は、薩摩藩の財政難にあった。久光や忠義が藩外で派手に政治活動を繰り広げる舞台裏で、当時の藩財政が危機的状況にあったことは事実で、薩摩藩家老の立場として討幕挙兵に慎重になるのも無理からぬこと。だが、戊辰戦争の勝利に酔っていた川村らに、冷静な財政論は通じなかった。

失意の久治に追い打ちをかけたのが、廃藩置県である。

彼の反対を押し切り、薩摩藩は身銭を切って新政府を樹立させたというのに、その挙《あげ》句《く》、藩が三分割されるとはいかなることなのか。討幕挙兵に反対した自分はそれほど間違っていたのか。味気ない正月の光景と、かつての華やかな正月行事の思い出が重なり、彼の内部で堰《せき》を切ったように抑えていた感情が溢れだした。

久治の死に関して『日誌』はきわめて事務的な姿勢を貫き、淡々とした筆遣いで葬儀の連絡事項を記載するのみだ。けれども、一族がどれほど口を閉ざしても真実は人から人へと伝わるもの。東京にいた西郷隆盛から大久保利通へ宛てた書簡により、私たちは彼の死の詳細を知ることができる。当時大久保は岩倉使節団の一員として欧米歴訪中であった。

〈公はピストルで腹部を撃ち抜かれて、即死されたということです。後から気付けば御帰宅の際、生まれたばかりのお子様の頭をかき撫でて、ほろほろと涙を流されていたとのことです。御承知のとおり御気の小さな方なので、年内にも舌を嚙み切って自殺未遂をされたことがあり、それが全快なさったところ、このようなことになってしまいました〉（著者意訳）

海外にいる大久保にわざわざ久治の死を長々と伝える西郷の手紙から、貴公子の死に動揺する薩摩藩出身の高官たちの姿が浮かび上がる。

文中の「生まれたばかりのお子様」とは、前年の九月に誕生した待望の跡継ぎ長丸《ながまる》のこと。不幸にも産後の経過が悪く奥方が亡くなっていたので、長丸は生後三ヶ月足らずで両親を失ったことになる。

久治に可愛がられていた久寛は、事件を受け止めきれず床についてしまう。今度は仮病ではなく、本当の病気になってしまったのだ。出棺にも立ち会えず、御加勢人が代わりに拝礼を行なっている。この夜、鹿児島には淡い雪が舞った。久治の棺を蓋《おお》ったばかりの新しい土の上にも、粉砂糖のような雪が降っては消え、降っては消えた。

日本中を吹き荒れた廃藩置県の嵐は、薩摩のみならず海を隔てた琉球へも届いた。

明治四年の廃藩置県の折、日本政府は琉球王国を従来通り鹿児島県の支配下に置く。

だが、琉球王国は依然として独立国家であり、また国王・尚泰《しょうたい》は清国から「琉球国王中山王」に封ぜられてもいた。

このような琉球の立場は近代的な国家の概念からすればひじょうに分かりにくい。国境というものの考え方がゆるやかであった前近代の東アジアでは、曖昧な在り方のまま国家が存続しえたが、異なる国家概念を持つ欧米諸国と相対する時、東アジア流の国家の在り方が変質を迫られるのは目に見えていた。日本政府はいずれ琉球の帰属が大きな政治問題になると考えていたが、すぐに決着をつけようとは思っていなかった。そんな矢先、とんでもない事件が起きる。

同年十一月、台湾に漂着した琉球の宮古《みやこ》島《じま》島民五十四名が先住民（高砂族）により殺害され、生存者は清国側に保護され、翌年無事送還された。明治五年七月、この知らせが鹿児島に届くや否や、県内の論議は沸騰する。

鹿児島県の論理では支配下にある琉球王国の民を虐殺されたのだから、報復のために台湾へ出兵するのはごく当たり前のことだ。またこれをきっかけに琉球が日本領であることを明らかにして、清国との関係を清算すれば、日本の「国益」にも鹿児島県の「国益」にも適うという図式であった。

早速、鹿児島参事・大山綱良や熊本鎮台鹿児島分営の樺山資紀《かばやますけのり》らは、政府に対して熱心な出兵運動を開始した。彼らは政府に軍艦を貸してくれと訴え出た。勝手な要求に驚かされるが、彼らからすれば少しも無茶ではない。版籍奉還後、薩摩藩所有の軍艦は政府へ引き渡されていたが、もともとは自分たちのものなのだから許可を得れば使用できると、彼らは簡単に考えていた。日本国中のスイッチが近代国家へと切り替わったというのに、旧薩摩藩の意識は以前のままなのである。

とはいっても、大胆な武力行使と冷静な戦後交渉は彼らのお家芸。彼らには彼らなりの勝算があってのことで、単なる「暴発」と片付けることはできない。しかしもちろん、日本政府は鹿児島県の単独行動を許すわけにはいかぬ。政府の行動は素早かった。

九月十四日、政府は琉球国王・尚泰を琉球藩王として華族に列する。

また、琉球がこれまでに西洋諸国との間で結んだ外交条約などに関する事務取り扱いを外務省へと移管した。これは琉球が日本の領土であるという国際的な宣言であり、日本政府に直属する一地方区であるという国内的な宣言でもあった。

どちらかといえば前者に光が当たりがちだが、恐らく当時の日本政府にとっては後者の、鹿児島県と琉球を切り離す件のほうがより緊急性が高かったと推測される。なぜならば、琉球が旧薩摩藩の「力の源泉」であることを新政府の首脳たちはみな知っていたからである。

こののち琉球は西南戦争後の明治十二年に沖縄県となり、日本国の内部に取り込まれてゆく。沖縄県の歩んだ道は恐らく琉球王国のそれよりも数段厳しい。そして沖縄県の苦難の歴史は現在もまだ終わらない。

鹿児島県は琉球を失うと同時に、東シナ海への扉を開く鍵をも失った。

彼らは薩摩の「国益」を守るために行動し、その結果として新政府を成立させたというのに、よりによってその新政府が、彼らの「国益」の核である琉球を奪うという矛盾。大切な鍵を取り上げられれば海への扉は開かれず、貿易立国・薩摩の生命線は断たれる。少し前までの彼らであれば、薩摩の「国益」を何よりも優先し、政府から鍵を奪い返したであろう。

しかし彼らは政府に鍵を握られたまま、黙って引き下がった。果断な行動こそ彼らの持ち味。今回の件では、関ヶ原や薩英戦争で見せた彼ららしさがまったく感じられない。彼らの迷いの原因は現政権が彼らの手で造り出され、樹立に至るまでに多くの仲間の血が流されているからだ。

さらに明快な答えをはじき出していた彼らの勝利の方程式――非合理な武力行動と合理的な論議を積み重ねて国益を導き出す――は、この時を境に機能しなくなる。なぜか。この方程式の解は薩摩の「国益」のみ。ここにさらに日本の「国益」を加えれば式は成り立たないのである。

二つの「国益」の間で、西郷ら薩摩藩出身の政府高官たちも苦悩していた。

廃藩置県の決定から決行に至る過程があまりにも短く、雄藩幹部たちは綿密な国家の設計図を描くことなく、勢いに乗じて事を起こしてしまった。政府と故郷の利害がここまで対立するとは、彼らはまったく予想していなかったのではないか。

世界漫遊旅行の過程で日本に立ち寄っていたオーストリアの元大物外交官・ヒューブナー男爵は、廃藩置県による急激な社会変革を危惧しつつ日本を去った。彼の手になる『世界漫遊記』の日本の項の結びでは、日本は大海に浮かぶ小船に譬《たと》えられている。

〈ともあれ、大きな喝采のうちに船は岸をはなれた。ただし、この喝采は、ちょっとした躓《つまず》きによって、容易に非難や侮辱に変わりうる。船は無事に安全な港に着くであろうか。それはありえないことではない。船は転覆するであろうか。それもありうることである。まだだれにもわからない。船に乗り組んだ人々は、流れを停めることもできず、それに逆うこともできず、ただ僥倖に身をまかせている。こういう光景は奇妙なものだが、決して新しいことではない。すでにグイッチャルディニ（マキアヴェリとほぼ同時代のフィレンツェの政治家・歴史家）は、つぎのように述べている、『国家機構の中に新奇な物を持ち込む者は、その後起こる運動の方向を予見することが出来ないばかりでなく、運動の結末に立ち会うことも稀である』と〉（『遠い崖』八）

琉球をめぐる問題で、日本、清国、台湾間の緊張が高まり、東シナ海の温度は急上昇していた。かつて男たちが生まれや国籍に関係なく富を求めて漕ぎ出した海は、国家意識を背景にせめぎあう政治の場となり、妖しいまでに煌めきながら岸辺に向かい手招きをしている。

紺碧の海を渡る風が薩摩の男たちを呼ぶ。それなのに彼らは、海へと漕ぎ出す扉を閉ざされ、浜辺から先へ進むことができない。鎌倉時代から約七百年続いた貿易立国・薩摩の崩壊はここから始まった。

第七章　西南に独立国家あり

明治六（一八七三）年四月二十三日、島津久光は旧藩士を従えて東京に到着した。

久光は元藩主ではないものの、抜群の功績により華族に列せられていたので、本来は東京に住まなければならないが、何やかやと理由をつけて鹿児島に居座り続けていた。しかし各方面からの粘り強い説得を受けて、渋々上京する運びとなったのだ。

久光の上京は内外の注目を集め、早速イギリス公使・パークスは本国に報告書を送っている。

〈政府は島津家の年長の当主島津三郎（筆者註・久光のこと）を説き伏せて、隠栖の地をあとにし、江戸に来ることを到頭承認させた模様である。現在の政府が発足して以来、かれは一度も江戸の土を踏んだことがなく、その間終始非協力の態度をとってきたが、これは政府にとってじつに迷惑なことであったし、さまざまな意味で政府の影響力を弱めてきた〉

〈江戸に来ることによって、現在の統治の在り方に反対しているかれの考え方に変化がおきることを、政府は希望している。またかれの同意を取り付けることができれば、政府は高官の地位を提供する用意があると聞いている〉(パークスよりグランヴィル外相への報告、一八七三年四月七日付)(『遠い崖』十)

いざ久光一行が姿を現わすと、東京中の人々は度肝を抜かれた。

〈島津三郎は数百名の旧家臣を従えて、江戸に到着した。全員が両刀を帯び、その服装はまったく往時のままであった。両刀を帯びた人間が再び江戸の町に姿を見せたことは、ひとびとの注目を集め、不吉な連想をよみがえらせた〉(同上、同年四月二十九日付)(同上)

久光の上京する一ヶ月前、明治天皇は断髪に踏み切り、これをきっかけとして全国各地で服装や髪形の西洋化が一気に加速した。東京では洋装・断髪の紳士を乗せた人力車が、カラカラと音を立ててそこかしこの辻を行き交《か》っていた。

そこへ突如、昔ながらの大名行列が出現したのだから大変だ。

黒塗りの金紋先箱《きんもんさきばこ》を先頭にしずしずと進む行列。沿道の人々はまるで時計の針を逆回転させたかのような不思議な感覚に襲われ、立ったまま行列を眺めてよいものなのか、はたまた昔風に土下座するべきなのか、しばし迷うありさまだった。

行列の中に都城島津家当主の島津久寛がいた。十四歳となっていた彼はすでに前年元服を済ませ丁髷《ちょんまげ》を結っている。

鳥羽伏見の戦いで「大活躍」した肥田兄弟の弟、肥田景之も久寛に従い一行に参加していた。実は彼は普段散髪にしていたのだが、久光に同行するということで急遽鬢《びんつ》付け油をなすりつけて無理やり髪を結いあげた。すると時間の経過とともに鬢付け油の効果が薄くなり、まるで落ち武者のようなザンバラ髪になってしまう。それでも一向に構わず、彼は得意げに東京の街を闊歩していた。

肥田によれば上京に際して、遊郭などへの出入りはしない、官途には就かないなど、一行の間で細かな規約が取り交わされていたのだが、そのなかの一つに「官吏と交際しない」との項目があったという。

この場合の「官吏」とは官吏一般ではなく、旧薩摩藩出身の官吏のことだ。鹿児島に留まった藩士たちの、新政府に仕えた藩士に対する微妙な感情が仄《ほの》見える。

政府や軍部の中枢に雄藩出身者が占める割合が高いことを揶揄する、「藩閥」という言葉がある。そのなかでもことに人数の多かった薩摩・長州藩出身者を指して、世の人々は「薩長閥」と批判的に表現していた。

確かに政府や軍部の高官の中に薩摩藩出身者は多かった。しかしそのことからあたかも薩摩藩士全体が新政府の恩恵をこうむっていたと考えるのは早計だ。

新政府に仕えた者の大半は、薩摩藩士のうちでもわずか十一パーセントに過ぎない城下士の、そのなかでも中・下級武士という限られた層の人々である。薩摩藩家臣団の八十九パーセントを占める郷士や家中士、また城下士の上流の人々などは出世の階段を外されていた。このことが後の西南戦争に繋がっていくのは、改めて言うまでもないであろう。

さて、到着から五日後、久光は天機《てんき》奉伺《ほうし》、つまり天皇に挨拶を言上するために参内した。

江戸城が皇居と替わってから、彼は初めて城門をくぐった。うっそうとした深い森に包まれた建物は幕府瓦解の前と変わらぬ風情をとどめていた。

ところが一歩なかへ入るや否や、印象は一変する。

ほんの数年前まで、大名や旗本が袴《はかま》の裾を引きずるようにしながらゆったりと歩を進めていた廊下を、洋装・断髪の政府高官たちが忙しそうに行き交っていた。目を配れば、それぞれの部屋には絨毯が敷き詰められ、机や椅子が整然と配置されている。

「まるで異人館のようではないか」

和室にそぐわない調度品を眺める久光の脳裏には、京都御所の簡素で荘厳な佇《たたず》まいが浮かんでは消え、消えては浮かんだ。孝明天皇の雅《みやび》なお姿に比べ明治天皇はといえば、薄化粧を廃して髭を蓄え、軍服やフロックコートに身を包み、挙句の果てに髪まで切ってしまった。なんという嘆かわしいことだろうか。古式ゆかしい宮廷風の衣装を着こんだ久光は苦々しさに顔をしかめた。

もともと開国派であった久光は西洋の文明を取り入れること自体には反対ではない。ただ、あくまでも国家運営は自国の文化を基本に行なうべきだと考えていた。ついこの間まで攘夷を言い立てていた者ほど、今度は煩《うるさ》いほどに西洋化を主張する。そのような振り幅の大きな者に、安心して国家を任せられるであろうか——久光は大いに憂えた。


しかしながら、この久光の願いに反して、新政府の欧化政策はますます強力に推進されてゆく。


ことにこの年の九月に大久保、岩倉、木戸らの「岩倉使節団」が帰国し、翌月の十月、征韓論を唱えて西郷らが下野すると、新政府の文明開化路線は決定的なものになった。

久光は居場所を失い、再三帰郷願いを出すものの、そのたびに却下された。政府は久光の不満を鎮めるため左大臣の要職に祭りあげた。左大臣は太政大臣・三条実美に次ぐ、政府組織二番目の重職である。けれども久光は開化政策に反対する姿勢を崩さなかった。

それゆえ政府の会議では度々《たびたび》不思議な光景が見受けられることになった。

日本人の洋装・断髪を嫌っていた久光は、同時に洋風の家具にも違和感を覚え、会議において椅子に腰掛けることを拒否したのである。

洋装・断髪の高官たちが椅子から起立して西洋風の儀礼を示す部屋の中で、ただ一人和服に身を包んだ久光は床の上にぺたりと座り込み、絨毯に額をこすりつけるようにして深々と平伏する。あくまでもわが道をゆく久光の姿に高官たちはたがいに視線を交わし、微妙な表情のまま椅子に腰掛けた。

〈島津さんは外の者が皆な椅子に掛けて居るのに自分だけは坐られる。太政官で弱ったといって居られました〉（『談話記録集成』第三巻）

高官たちが居並ぶテーブルにぽつんと空間があき、そこから丁髷をのせた久光の顔が半分だけのぞいているという会議中の絵柄は、想像するだけでも滑稽だ。気の毒なのは薩摩藩出身の高官たちである。もしも椅子に座れば久光を見下ろすことになる。さりとて久光とともに床に座ることもできない。彼らは身の置き所がなく、思わず泣き出したくなるような心境だったに違いない。

「天下御免」の久光の矛先は、明治天皇にも向かった。

明治六年五月、女官の不始末から東京城（江戸城のこと）が焼失したため、天皇夫妻は赤坂の旧紀州藩邸へと引っ越し、新宮殿が完成する明治二十二年までの月日を過ごす。赤坂仮御所時代は満年齢でいえば天皇が二十歳から三十六歳までの青春期にあたり、彼はその晩年からは想像もつかないほど、自由闊達《かったつ》に振る舞っていた。

天皇はフロックコートに長靴という雄姿で毎日のように乗馬を楽しみ、時には近衛兵らを相手にフランス語で号令をかける練習や、ポロのようなゲームに興じることもあった。

一番の楽しみは、乗馬のあと御所内の茶屋で臣下とともに、酒を酌み交わし騒ぐこと。御側に侍る侍従には、公家とともに士族も交じっており、若者同士身分を越えて楽しんでいた。土佐藩士であった片岡利和もその一人だ。土佐人らしく酒豪の彼は、ある時梅を眺めながら杯を重ねるうちにすっかり酩酊し、自分がどこで飲んでいるのか分からなくなってしまう。へべれけになった片岡はそろそろ潮時だと思ったのだろうか、いきなり手を叩いて叫んだ。

「おーい、勘定持ってこい！」

さすがにこれには一同、面食らったようで、片岡は大爆笑のうちに御前から退場させられた。ちなみに彼は侍従を経て貴族院議員になっている。このような類の話はいちいち拾っていられないほど多い。

私たちからすれば微笑ましい話も、しかし、久光にとっては腹立たしい限りだ。

あれほど厳密な攘夷主義者であられた孝明天皇が、今の明治天皇のお姿をご覧になったらどのように思し召《おぼめ》すか、久光には想像することすらはばかられた。しかも明治天皇を「開明的な君主」へと導いているのは、西郷や大久保をはじめとした彼の旧臣なのだから恥じ入るばかりである。

このままでは、先のおかみに対し奉り申し訳がたたぬ。

強い決意を固めた久光は明治天皇と面会する際、わざとかさばる宮廷の衣装を身にまとい参内した。長い足を持て余すように椅子に座る天皇、その足元に久光は絹ずれの音もゆかしく平伏し、どれほど勧められてもけっして椅子に腰掛けようとはしなかった。

これには天皇のほうが音を上げて、久光と対面する際には日本式に畳の上に座る、という方式へわざわざ変えていたという。

天皇は西洋の優れた文化に触れさせようと、久光に高価な馬車を下賜《かし》したこともあったが、頑固爺は手ごわかった。

〈久光には一度もその天賜の馬車に乗られませぬ。して申さるるに「異国の乗りものに乗り、異国の馬などに乗りて怪我《けが》でもしてはつまらぬ」と言はれましたそうだ〉(『史談会速記録』第二百六十九輯)

こうなるとおたがい根くらべである。負けず嫌いで茶目っ気のある天皇は、どうにかして久光を椅子に腰掛けさせようと相応《ふさわ》しい機会を狙っていた。やがてその時が巡ってきた。

鹿児島に一時帰国することになった久光に、天皇は陪食《ばいしょく》を申しつけ椅子を賜ることになった。せっかくのお勧めなので断わることはできない。

されど久光は、やはり久光であった。

〈島津にはその長椅子を賜ります。日本服で出て腰を掛けずに長椅子に横座りになるような塩梅《あんばい》に坐っておられました〉（『談話記録集成』第三巻）

明治天皇が長椅子まで用意したというのに、久光はあくまでも椅子に腰掛けるという行為を拒絶した。洋装の天皇が椅子に腰掛けると、目の前には小柄な久光が重々しい衣装にうずもれるようにして、ソファーにちょこんと横すわりしている。若き天皇は笑いをこらえながら、すまし顔の久光を見詰めた。

かくのごとく久光は急激な欧化路線に警鐘を鳴らし続けたが、政府は彼の意見を政策に反映させることは一切なかった。業を煮やした久光は方針を転換し、三条実美、大久保利通、大隈重信ら政府要人の罷免《ひめん》を次々と申し立て、受け入れられなければ職を辞したいと告げる。もちろん、政府は太政大臣の三条、事実上の首相である大久保、開明派の旗手大隈らを罷免させるわけにはいかない。

政府は久光の提案をことごとく斥《しりぞ》け、最後に彼の帰郷のみを認めた。一見すると久光の失脚のようだが、そもそも彼は政権参加に乗り気ではなかったのだから、内心はほくそ笑んでいたのかもしれない。

明治九（一八七六）年四月、久光は帰郷の途に就く。

久々にたどり着いた懐かしい故郷である。久光は晴れ晴れとした気持ちで鶴丸城の門をくぐった。ところが、そこには思いもかけない光景が広がっていた。彼の留守の間に鶴丸城郭内に「私学校」という組織が設置され、膨大な数の若者たちが出入りをするようになっていたのである。

私学校とは明治七（一八七四）六月、西郷隆盛の指導のもと鶴丸城厩《うまや》跡に創設された施設だ。

島津久光が上京した明治六年、西郷は征韓論をめぐる政変で官途を辞して下野したことはすでに述べたが、これに呼応するように軍部から多数の薩摩藩士が辞表を提出した。この頃、鹿児島城下には陸軍省の組織改編などに伴って、退役を余儀なくされた兵士が続々と帰還していたので、ここに連袂《れんべい》辞職組が加わることで町には無職の若者たちが溢れ返った。のちに西南戦争の火種となる私学校であるが、その設立目的は学校というよりも、このような目標や仕事を失った若者たちを救済し、収容するための施設であったというほうが実態に近い。つまり、失業対策事業である。

この私学校は銃隊学校と砲隊学校を本校とし、分校や系列の学校などさまざまな組織からなる連合体であった。

銃隊学校は元近衛局長官、陸軍少将・篠原国幹《しのはらくにもと》を長とし、旧近衛歩兵出身者を対象としていた。砲隊学校は元宮内大丞・村田新八を長とし、砲兵隊出身者を対象としていた。

この他にも、下士官養成機関の旧教導団の生徒であった人々を中心とした吉野開墾社や、賞典学校と呼ばれていた学問施設もあった。賞典学校は西郷らが戊辰戦争の褒賞金を出しあって陸海軍士官養成のため東京に設立した塾を鹿児島に移転したもので、校長には篠原国幹が就いた。

さて、この私学校の「教育目標」は、有事の際に最前線で対応できる人材を育成する点に置かれた。

というのも西郷をはじめとした学校幹部たちは、諸外国との間で争いが生じた場合、国民から広く兵士を募《つの》るという陸軍の現状では国難に対処できないと考えていたからだ。新政府は徴兵制を導入するにあたって、「武士道」をその精神的根幹に据えようと考えたようである。

言うまでもないが、近世の武士道は儒教や禅に基づく倫理観を土台とする、高い精神性を尊ぶモラルの体系だ。

この武士道の考え方からすれば、武士を武士たらしめているものは、武術でもなければ、血筋でもない。大事なのは「武士の魂」であり、出自がどうであれ「武士の魂」を持てばその者は武士となり、反対に武士の家に生まれても「武士の魂」を持ち合わせなければその者は武士とは見なさない、となる。広く農民や町民までを対象にした徴兵制にとって、このような近世武士道の理念は都合のよいものであった。

ところが、この国民皆兵制を承認した張本人である西郷隆盛自身は、心の底で徴兵制に疑問を感じていた。

彼の属する薩摩流の武士道、すなわち中世的な武士道においては、こざかしい理屈を否定する。大切なことは「武士の魂」や「武士の覚悟」といった抽象的なものではなく、領主から与えられ、先祖から相続した土地を守るために、実際に命を差し出すことができるか否か、そして実戦に耐えうる能力があるか否か。薩摩の武士道はそれ以上でもなければ、それ以下でもない。

こうした西郷のリアリズム、薩摩のリアリズムからすれば、嫌がる農民や町人に鉄砲を持たせ無理やり前線に立たせても、使い物にならないと踏んでいた。薩摩の武士たちが数百年をかけて熟成してきた行動原理は一朝一夕で身につくものではない。

実際のところ、幕府を倒したのは他ならぬ薩摩藩である。その実力はすでに証明されているではないか。その最強の武士集団を明治新政府のために使わない手はない。

そこで出てきたのが、かの征韓論であり、そしてこの私学校なのである。西郷にとっては、私学校は来るべき外征にそなえて、国家に役立つ若者を養成するための機関で、要するに軍事組織にきわめて近いものであった。

さて、この私学校の本校舎が、薩摩藩の司令塔であった鶴丸城内に設立されていた。

このことの示す意味はひじょうに重い。

そもそも廃藩置県後、鶴丸城旧本丸には新しく創設された日本陸軍の熊本鎮台分営が設置されていたはずだ。その鎮台分営はどこへいったのだろうか。

実は、はなはだ都合がよいことにこの鎮台分営は、明治六年末に放火とみられる火災で全焼したために解体されていた。深く詮索はしないが、誰による放火なのか気になるところだ。当初陸軍は、この場所に私学校を設置することに難色を示していたという。だが、学校幹部たちが押し切る形で実現した。

もしも久光が旧二の丸に住み続けていたら、ここまで都合よく物事が運んでいたかは分からない。しかし久光は上京中でいつ帰ってくるか分からない状況にあった。久光の政府入りと引き換えに元藩主・忠義が帰郷していたが、彼は自宅をかつて宗家の別荘であった磯《いそ》邸（現在の鹿児島市北部）に移しており、鶴丸城とは少し離れた場所で暮らしていた。

こうして私学校は鹿児島城下の心臓部、鶴丸城内に君臨する形となった。

最初のうち、私学校は約八百人程度の規模であったが、一年後には約二千人、分校まで入れると三万人というから途方もない。巨大な組織へと変貌を遂げた私学校には、莫大な運営費用がかかり学校幹部らは困惑していた。

この時援助の手を差し伸べたのが、鹿児島県令・大山綱良であった。

大山は薩摩藩より鹿児島県へ引き継がれた公金の中から、私学校の経費を捻出した。公的資金を私的な団体の運営に流用した大山の行為は、自治体の長として許されないことである。

ところが驚くことに、大山や私学校幹部たちにはまったく罪悪感がない。彼らの意識の中では依然として藩という枠組みが継続しており、藩と県との区別ができていないのだ。

鹿児島県と私学校との「癒着」は、それだけに留まらなかった。

鹿児島県は県内の区域を統括する区長などの役人に私学校の幹部を任命してゆく。これは県の行政を円滑に遂行するための大山なりの知恵で、県と私学校とは持ちつ持たれつの一枚岩の関係となっていった。

半ば公的な組織となった私学校に対して、政府内部からは警戒の声が上がった。政府首脳が恐れるのも無理はない。私学校には行政や軍事の最前線で活躍した人材が揃っていた。言いかえれば、私学校は明日からでも政権を担える集団なのだ。

近世日本のなかで薩摩藩が独自の方針を貫き通し自分勝手に振る舞ってきたように、私学校と一体化した鹿児島県は近代日本のなかの独立国家の様相を呈してきた。

さて、居城であった鶴丸城を占拠されてしまった島津久光はこれを見てどう思ったか。

彼は自分の屋敷が奪われた怒りよりも、まず「鹿児島県を反政府の拠点にしてはならない」という決意を固めた。意見の対立はあったものの、久光はつい先日まで左大臣という要職にあった身の上である。今さら新政府を無視するがごとき動きは認められるはずもない。

かといって、今や公職にはない久光にできることは限られている。そこで彼は私学校に対抗すべく、自らの学校「温故堂（温古堂）」を創設した。

当初、温故堂は別邸内に置かれたが、明治九年夏に旧二の丸へと移転する。鶴丸城郭内には、私学校と温故堂という性質の異なった学校が並び立つことになったわけだ。

この温故堂の生徒は全部で二百人程度、こぢんまりしたものである。私学校の生徒は、中・下級の城下士を中核としていたが、温故堂のそれは島津一族を中心とした上級武士層であった。

私学校と温故堂、生徒の見分け方はすこぶる簡単だった。

断髪・洋装という開明的な身なりの私学校の生徒たちに対して、温故堂側はあくまでも丁髷・和服という古武士の身なりで対抗した。私学校の生徒は欧化政策をはじめ政府の政策をあれこれと批判していたが、温故堂側からすれば断髪・洋装の身なりで欧化政策を云々《うんぬん》すること自体が笑止千万といったところであった。

両校の生徒はおたがいに相手を嘲《あざけ》っていたので、登下校の際に道ですれ違えば、さぞ賑やかな騒ぎが繰り広げられていたことだろう。

温故堂に関しては残されている史料が少なく、学校内の詳細な状況などは現在のところあまり分かっていないが、恐らく久光の日頃の言動からすれば、授業内容は日本の古典、歴史、漢籍などを中心としたものであったと考えられる。

久光の持論は、「自国の文化や歴史を十分に理解しているからこそ諸外国のことも理解できるのであって、自国のことをろくに知らない者が諸外国の文化に接しても底の浅い理解でしか得られない」というものであった。西洋の文化を学ぶことを否定しているわけではないが、物事には順番があるというのだ。

久光に従って帰郷した都城島津家当主・久寛も温故堂へ通学していた。『日誌』を通して知る久寛は、時代の流れにさらに敏感な人物である。東京で文明開化の洗礼を受けた久寛にとって、温故堂の授業は退屈この上なかったはず。時代の激流に背を向けて丁髷を結い、四書五経を読みふける自分の境遇に久寛は焦燥感を覚えていた。

明治九年八月、金禄公債証書発行条例が発布された。

財政難に苦しんでいた政府は、負担となっていた華・士族の家禄（給与）の廃止、秩《ちつ》禄《ろく》処分に乗り出す。華・士族は家禄の数年分を公債として受け取り、新しい生活の糧を探さなければならなくなった。

全国の士族が不満を抱きつつもこの措置を受け入れていくなか、鹿児島県のみが拒絶の意を明らかにした。彼らの主張によれば、「薩摩藩は俸禄の制が独特であるから、他藩の士族と同様の秩禄処分では納得ができない」ということなのだ。

この薩摩の主張はけっして嘘でも誇張でもない。

ここで簡単に、薩摩藩の家禄制度について述べておきたい。

江戸時代の武士の家禄（給与）の受け取り方には、将軍や藩主から特定の知行地を与えられそこから直接年貢を取る地方《じかた》知行《ちぎよう》と、農民が藩主の米倉に納めた年貢米の中から禄高に応じて禄米を受け取る蔵米《くらまい》知行の二つの方式があった。

前者が適用されたのは、上層の旗本や御家人、徳川御三家や国持大名の上級家臣などごく一部に留まり、その他の大多数の藩では後者を採用していた。

後者の場合、禄米の交付といっても実際に米で受け取るとはかぎらず、米を現金換算して受け取る場合もあるし、また、形だけは米を受け取るが、実際には札差《ふださし》と呼ばれる業者に米の手形を換金してもらうということが多かった。つまりは武士といっても、今のサラリーマンとさほど変わらない。このような制度ができたのは江戸幕府になってからのことである。

これに対して薩摩藩では、武士は給地と呼ばれる知行地を与えられ、各自が年貢を取り立てる仕組みであった。つまり地方知行だ。その他に土地を自作したり、自費開墾したりもしていた。要するに、戦国時代そのままの制度が続いていたことになる。

ここから先が問題の核心だ。

薩摩藩では武士の土地に対する所有権の意識が強く、給地（知行地）を事実上売買できた。

なぜこれが問題なのかといえば、江戸時代には原則的に田畑の売買が禁じられていたからだ。地方知行の場合であっても、武士はあくまでも知行地を将軍または藩主から「預かっている」という形であり公には売買はできない。そもそもその将軍にしても大名にしても、その所領はいわば「天からの預かりもの」であって、西洋的な意味での所有権はないのである。

ところが、薩摩藩では田畑を含めた土地の所有権が事実上発生していたのであるから、これもまた日本の他の地域とは大きく違っている。明治政府が行なった「秩禄処分」において、鹿児島県が「他の地方と同じような処分では納得しかねる」と抗議したのは、そうした事情があったからである。

実は、この秩禄処分の前から、旧薩摩藩独特の「土地私有制度」は明治政府の近代化政策のうえで、大きな障害となっていた。

それは、明治六年七月、地租改正条例が発布され、土地と税制に関する抜本改革が行なわれたことに遡る。

新政府は深刻な財政難を解消し、近代化の財源を確保するために、田畑を含めた土地の私的所有権を認め、そのうえで土地そのものに税をかけ、所有者に税を金納させることにした。下準備として全国で測量を行ない土地の所有者を確定し、その証拠として地券を発行した。

田畑については、原則的に耕作者がその土地の所有者とみなされた。

これがいわゆる「地租改正」である。

地租改正は大化の改新以来、「公のもの」とされてきた土地の私有権を全面的に認めるという意味で、まさに大改革であった。

しかし、この地租改正の方針を、鹿児島県にそのまま適用すればどうなるか。給地の所有権は薩摩藩の士族ではなく、その土地の耕作者である農民にあるということになる。

これが他藩ならば、武士たちは自分たちが「所領」を持っているという意識が薄いからさほどの抵抗がないが、薩摩藩の場合は違う。

土地の売買が事実上行なわれていたことでも分かるように、薩摩の場合、知行地はその領主である武士のものという観念が広く普及していたから、耕作者に土地の所有を認めるという新政府の施策はまったく受け入れがたいものであった。この結果、全国各地で進められていた地租改正事業は、鹿児島県のみ頓挫したまま時間が過ぎてゆく。

こうして鹿児島県からの納税が円滑に行なわれず、国家の根幹である税制を揺るがすゆゆしき事態となっていた。痺《しび》れを切らした政府は金禄公債証書発行条例の公布の直前、大山県令に対して給地(知行地)は農民を所有者とし、自作地や自己開墾地は士族を所有者とするように命じた。

この決定は波紋を呼ぶ。

政府の決定に鹿児島県士族が反発したのは経済的な理由もさることながら、土地の所有が薩摩武士の尊厳そのものに関わる問題であったからだ。

薩摩武士は領主から賜った土地のために命を懸ける、「一所懸命」を信条とする中世武士の生き残りだ。彼らの比類なき自立性の高さや、イギリス人をもうならせるリアリストの本質は、彼らの「武士道」が抽象的な概念を拠り所にしているのではなく、目の前にある土地からスタートしていることに由来した。

彼らにとって土地とは武士の矜《ほこ》りそのもの。彼らの力の源泉、矜りの源泉である大切な土地が、単なる耕作者に過ぎない農民の所有となってしまった。彼らにとってそれは、武士の尊厳を傷つけられたことと同じ意味を持っていた。

金禄公債証書発行条例が発布されたのは、地租改正に対する不満が鹿児島県中に充満しつつあった最中のことであった。

これ以上士族たちを抑えることができないと判断した大山県令は、政府に対して特別措置を講じるように迫った。むろん政府としては例外を認めるわけにはいかない。政府は勝手な振る舞いを続ける鹿児島県に対して、県庁幹部の更迭《こうてつ》をもってのぞもうとしたが、大山は自分を含め県職員の総辞職を示唆して政府を牽制する。

明治九年十二月、鹿児島県士族の蜂起を恐れた政府は、全国一律の原則に反して、鹿児島県士族に関する特別法を発布した。

これにより、鹿児島県士族のみが一割利子付公債十年分を支給されるという、優遇措置を受けることになった。ちなみに他の士族が受給していた公債は、五分利子、六分利子、七分利子と三種類に分かれており、禄高が低くなるに従い、利率や年限が増えてゆく仕組みになっていた。

旧薩摩藩士族のみを優遇する特別措置に対して政府内部から批判が相次いだのはいうまでもない。新政府といっても、一枚岩ではない。とりわけ長州藩出身の木戸孝允《たかよし》の怒りは激しかった。しかし、大久保利通が押し切る形で実施された。

鹿児島県士族の秩禄処分は、一般の士族からすれば破格の待遇となったわけだが、先祖伝来の土地を失ったことには変わりがない。彼らの気持ちは一向に晴れなかった。いったいこれからどう生きればよいのか。

琉球を取り上げられた彼らは、自由に海に出ることもできなかった。

そうした薩摩人の不満のはけ口として、西郷は征韓論を唱えたのだが、政府は外征を望む彼らの先手を打つように、東アジア諸国と次々に国際条約を結んだ。対中国の日清修好条規、対ロシアの樺太・千島交換条約、対朝鮮の日朝修好条規——この過程で、日本の抱えていた外交上の懸案事項はすべて解消し、彼らは海へ出る口実さえ失う。

かくして薩摩武士の爆発的なエネルギーは内に籠り、ガス状に気化して鹿児島県内に満ちていた。たった一本のマッチを擦《す》っても、大爆発が起こること、必定であった。

ところで、「武士の王国」たる都城の人々は土地所有制度の大転換という難局をどう乗り切っていたのだろうか。

結果から言えば、都城の人たちは島津宗家に繋がる武士たちほど動揺はしなかった。都城の地は廃藩置県以来短い間に、都城県→宮崎県→鹿児島県と行政区分がころころと変わった。あまりに度重なる施政方針の変更を経験していたがために、人々はいちいち動じなくなっていたほどだ。

鹿児島県に復帰した都城でも、優遇措置による秩禄処分が行なわれた。

すでに述べたが、士族の比率が全国一の鹿児島県の中でも、都城のそれは抜きん出て高かった。全国の人口に占める士族の比率は約五パーセントだが、鹿児島県では約二十五パーセント、都城ではなんと四十二、三パーセント。鹿児島城下と同様に、都城の士族も秩禄処分に対してさぞかし反感を抱いていたと思いきや、意外にも彼らは恬淡《てんたん》とした様子であった。

というのも、戊辰戦争後に行なわれた藩政改革によって、都城島津家のような分家や、私領、外城の上級武士の禄は減らされて、その分が中・下級の城下士に再配分されていた。つまりもともと都城島津家や家臣団上層部の禄は激減していたわけだから、彼らにとって秩禄処分のショックは小さい。

それどころか、この地租改正はむしろ都城の中・下級武士たちにとって福音でもあった。

地租改正条例では、同じ武士の所領であっても、そこが自作の農地であれば、そのまま士族の所有と認められた。給地に頼る城下士とは異なり私領に住む都城島津家家臣団は、表高とは別に身分に応じて条件のよい自作の農地を所有していたから、彼らは地租改正によって晴れて「地主」になったのだった。

家禄を失ったことで、将来が見えなくなった城下士の状況とは反対に、都城島津家家臣団の未来には明るい兆しが見えていた。戊辰戦争前後の活躍にもかかわらず、城下士から一段低く見られ、納得のいかない処遇を受けてきた彼らにとってこれは朗報であった。

士族層の解体が視野に入ってきた鹿児島城下を尻目に、緑輝く盆地に君臨する武士の王国・都城は内部序列を崩すことなく存在し続ける可能性が出てきたのだ。

運命の明治十（一八七七）年が明けた。

都城島津家当主・久寛は十八歳の若者となっていた。

一月下旬、墓参りのため都城へ出かけていた久寛のもとに、叔父である忠義ら兄弟から狩りのお誘いがあった。久寛は喜び勇んで叔父たち一行と合流した。

彼らの狩りは大掛かりだ。暁《あかつき》の空が溶け出して霧となり、山肌を這うように降りてくると、しっとりと濡れた落ち葉に埋もれた野山は絶好の猟場となる。久寛らが乗った馬、革紐に繫がれた猟犬、お供の者たちが物音を立てないように進む。やがて係の指示で一斉に猟犬が放たれると、けたたましく吠え立てる声が谷にこだまし、草木を揺らして鹿や猪が逃げ惑う様子が窺われた。久寛は息を詰めて追いつめられた獲物が姿を現わす機会を待ち、狙いを定め……、乾いた音を立てて銃声が山々にこだました。

二月一日、思う存分野山を駆け回った久寛は、鹿児島の屋敷へ戻った。

すると驚いたことに、屋敷の空気はすこぶる緊迫している。彼の不在中、鹿児島では私学校生徒による草牟田《そうむた》の陸軍弾薬庫襲撃事件が起き、城下は上を下への大騒動だという。

なんとしたことか、島津一族の貴公子たちが狩りに興じている間に、西南戦争の幕はすでに上がっていた。

第八章　戦火、已《や》む

明治十（一八七七）年二月十五日午前六時、西郷軍の第一陣が出発を開始した。

この日、鹿児島は五十年ぶりの大雪に見舞われたが、沿道には彼らを一目見ようと、多くの人々が詰めかけていた。降りしきる雪の下、私学校練兵場から兵士たちが姿を現わすと、人々の間から歓声があがる。

戦争は勝ったも同然だ。

今度の戦争と戊辰戦争とを重ね合わせ、鹿児島城下はすでに戦勝ムードに包まれていた。昨日はそこかしこの家で出陣を祝う集《つど》いが開かれたが、旧暦の正月二日ということもあり、浮かれ出した人々は鉦《かね》を打ち鳴らし、太鼓・三味線の音色に合わせて歌い踊った。それはあたかも凱旋を祝う宴のようだった。

けれども、戊辰戦争の時の薩摩軍と、目の前を行く西郷軍とでは、見た目からしてすでに大きな違いがあった。周到に戦争準備を整えていた薩摩軍の軍装は統一されていたが、急遽出陣を決行した西郷軍のそれはあまりにもまちまち。

たとえば、元近衛兵や元警官たちは各々の正服（制服）を、元文官は戦場には不釣合いなフロックコートを着込んでいた。彼らは国家から支給された正服を身につけることで、反乱軍ではないことを示したかったのだろう。なかには、昔ながらの武士の身なりの者もいる。

不揃いなのは服装だけではない。最新式の西洋銃を携えた兵士に交じり、古式蒼然とした火縄銃を大事そうに抱える者や、伝家の宝刀を身に帯びる者などが見受けられ、さながら古今東西の軍装博覧会の様相を呈していた。

かくのごとく軍装はばらばらであったが、我々が本気を出せば国家は恐れをなして膝をつくはず、という思いは一つ。背筋をぴんと伸ばした兵士たちを乗せた馬からは、しきりと湯気が立ち上る。燃えるような男たちの表情と雪の華のコントラストに、沿道の人々の興奮は最高潮に達していた。

二月十七日、いよいよ総大将である西郷隆盛が出陣する。

この日も朝から雪が舞っていた。これから国家を相手に戦火を交えるというのに、自宅を出る西郷のいでたちは普段着の和服、兵児帯《へこおび》、草履《ぞうり》、竹笠、まるで狩りにでも出かけるような気軽なものであった。

彼の足は兵士たちの待つ私学校ではなく、久光の自宅である旧二の丸へと向かう。

今回の出陣に際して、西郷は久光や旧藩主・忠義に対して正式な挨拶をしていない。

彼らの旧臣を引き連れて戦場へ赴くのだから、一言挨拶をしてしかるべき、というのが常識であろう。

だが、西郷は久光や忠義の立場を慮《おもんぱか》って、あえて面会を控えていた。というのも、久光は今回の件に関して局外中立の立場をとっていたので、西郷と会ったとなれば、あらぬ誤解を招きかねない。西郷は久光と直接会うのを遠慮し、遠くから挨拶をしようと決めた。

久光邸の門前まで来ると、西郷はそっと竹笠を取った。

〈敷石の所にまいって雪の中に跪《ひざまず》きまして、これがお暇乞《いとまご》ひでござりますと言って門前から御辞儀をして立去った。それが生死の別れであったのでござります〉（『史談会速記録』第八十四輯）

久光邸の扉は西郷を拒絶するかのようにぴたりと閉ざされている。その前で西郷は額ずいたまま銅像のように動かない。彼を取り巻く警護の兵士たちも頭を垂れたまま動かない。蒼い雪が彼らの周囲に戻らない時間のように堆積した。

私学校に入った西郷は先ほどの身なりから一転、美々しい金モールで飾られた陸軍大将の正服に着替え、兵士たちの前に姿を現わす。一行は先代藩主・斉彬の祀《まつ》られている照国《てるくに》神社に参拝し、船に乗り込むため海岸線に向かい行進を始めた。ふと見上げると雪はやみ、雲の裂け目から薄日が射してきた。

やがて一行は忠義邸の前へと差しかかる。

邸宅の前で西郷は脱帽し深々と拝礼を行なった。西郷軍幹部やその他の兵士たちも元藩主に最後の別れを告げるために、次々と脱帽し拝礼を行なう。その姿をじっと見つめる人影があった。忠義、その人である。彼はわざわざ堀の上に出て、旧臣たちの出陣を見守っていた。

かつて藩士たちは、藩主・忠義の命令のもと、戦火の中へ飛び込んで行った。それから十年も経たないというのに、彼らは主君のあずかり知らない戦場へと赴こうとしている。西郷が、臣下たちが、薩摩藩が、永遠に彼の前から去ってゆく。忠義は、なすすべもなくそれを眺めていた。

一つの「帝国」が七百年にもわたる支配を終えようとしている。

西南戦争は単なる不平士族の反乱ではない。日本の西南端で七百年ものあいだ繁栄してきた薩摩の灯が消え去る、まさにその直前の瞬《また》きがこの戦争であった。

西南戦争後、日本政府は薩摩の崩壊を踏み台にして国内権力を掌握した。この結果、近代日本は真の意味での中央集権国家となり得た。

しかし、日本政府が薩摩を武力で制圧したかといえば、そうではない。薩摩は外部からの武力介入ではなく、内部崩壊により滅亡したのだ。鉄の結束を誇った彼らは、あっけないほど短期間に自壊してしまった。

結局のところ、命と同様に大切な土地から無理やり切り離された時、彼らは彼らのままでいられなくなった、というのが本書の考え方である。

薩摩武士はすでに失われた「中世武士道」を江戸末期まで守り続けた奇跡の集団。江戸時代の武士にしては珍しく、彼らが理念よりも現実を重視するリアリストであったのも、形ある土地を拠り所としていればこそ。彼らの思考が抽象論で空回りすることなく、つねに具体論であれたのは薩摩の大地に根ざしていたからだった。

薩摩の土地は都城のような特殊な地域を除けば、おおむねコメの栽培に向かない、痩せた土地柄である。薩摩武士が海へ乗り出して行ったのも、海に魅力があったというよりも、土地から生み出されるものがあまりにも少なく、海に出てゆくより他に生きるすべがなかったためだ。

それでも彼らは薩摩をこの世で一番素晴らしい場所だと信じ込んでいた。たとえ土地は痩せていても、自分たちが耕し、開いた畑だという実感があった。これは幕府の直参、旗本にもなければ、他藩の藩士にもない感覚である。

ところが、その「土地」という共通項を失ったことで、彼らの強みは一転してその弱みとなった。幕末から維新まで日本を牽引してきた彼らの比類なき自立性は、集団の結束力を弱める方向へと働き内部崩壊へと結びついてゆく。西南戦争はこのような流れを受けて、起こるべくして起きた。

西南戦争は薩摩を三分した戦いだった。

三分とは一つ目が西郷軍、二つ目が政府軍、そして三つ目が局外中立の島津一族とその御加勢人たちである。これを薩摩藩の身分ピラミッドに当てはめてみると、中ほどから底辺に至る部分は西郷軍と政府軍に分かれ、残りのピラミッドの頂点に当たる部分は丸ごと局外中立ということになる。

つまり西南戦争は底辺の武士同士の戦いであり、それを島津一族が仲裁できなかったという点がこの戦争の核心なのである。

そのことをこれから史実に即して述べていきたい。

西南戦争はわずか二十人ばかりの若者の酔いに任せた軽率な行動から始まった。

当時政府は、鹿児島県内の軍事施設を私学校勢力が反乱に使用するのではないかという危惧を抱き、県内各地の火薬庫に保管されている武器、弾薬を全面的に引き上げることを計画した。

一月二十九日、政府側の行為に触発された若者たちが草牟田にあった陸軍弾薬庫へ侵入し、小銃弾薬を略奪する。これをきっかけとして、連日私学校生徒による軍事施設への襲撃が繰り返され、収拾がつかない状況に陥る。若者が軽い気持ちで擦ったマッチが、県内に充満していたガスに引火し大爆発を起こしてしまったのだ。

若者たちの処遇をめぐり私学校幹部は頭を抱えた。その矢先、もう一つの事件が起きる。

大警視・川路《かわじ》利良《としよし》の命により鹿児島県へ派遣された少警部・中原尚雄らが逮捕され、西郷隆盛の暗殺計画を自供したのだ。後になって中原は拷問により自供させられた、暗殺計画などなかった、と述べている。

この暗殺計画の真相はいまだに明らかではないが、中原の「自白」により事態は急転する。古株の私学校幹部たちは武力による解決には慎重な姿勢を見せていたが、ここに至り挙兵派を抑え込むことができなくなった。ついに西南戦争という地獄の釜の蓋が開く。

ところで、西郷自身は挙兵をどのように考えていたのだろうか。

幕末から征韓論に至るまで、西郷は一貫して名分の立たない挙兵に反対を唱えてきた。これを踏まえれば挙兵には反対であったと推測される。西郷が強く主張すれば、武力蜂起はあるいはなかったかもしれない。

だが、そういう展開になれば、西郷を父とも兄とも慕う若者たちはいったいどう感じるだろうか。

薩英戦争でイギリス側との交渉を担当した重野安繹によれば、西郷の人生は良きにつけ悪しきにつけ、目下の者から慕われるという点が鍵となっていたようだ。維新後、重野は実証主義を唱えて歴史学者となり、東京帝国大学教授として教鞭を振るう。〈士卒が手傷を負えば、その傷を啜《すす》ったりするようなことは、しはづさぬ人物で、自分より目下の人の信用を得ることが多いので、西郷のためならば死をきわめてやるという、いわゆる死士を得ることが自然にできるので、それが面白くてたまらない〉(『西郷南洲逸話』)

〈傷を啜ったりするようなことは、しはづさぬ人物で〉という見事なまでに意地悪な描写からすると、重野は西郷の態度の中に作為的なものを感じていたのだろう。若者に甘い西郷の性格が、彼らの暴発を容認する結果となり、事態は一気に本章冒頭の大雪のなかの出陣へと転がってゆく。

三月二日、鹿児島城下。

都城島津家の屋敷を一人の旧臣が訪れた。久光や都城島津家の意向を受けて局外中立を決めた都城士族の中にあって、私学校の行動を義挙として西郷軍へ加わった都城隊の一員、武田信勝である。

都城隊は西郷軍とともに出陣せず、開戦後もしばらく鹿児島城下に留まっていたが、本日西郷軍より命令が下り宮崎方面へ向かうという。出発に際して彼らは、一同打ち揃って都城島津家に参上するつもりであったが、準備に手間取り、武田一人が参邸したとのこと。もしかしたら、局外中立を表明している都城島津家の立場に配慮し、旧臣たちは大人数で都城島津家に押し掛けることを控えたのかもしれない。

都城島津家当主・久寛は武田に百円を与えた。久寛は、都城隊が長らく鹿児島に滞在したため費用が不足しているのでは、と心配したのだ。

この百円は武田から事情を聞いて慌てて手元にある現金をかき集めたもの。裕福なことで知られる都城島津家であったが、家の中にさらに現金がうなっているわけではない。日用品に関しては一括して後で払う方式なので、普段の生活ではあまり現金を必要としない。彼らに下された現金は、久寛から彼らへの精一杯の心づくしであった。

武田は現金を押し頂くようにして去ってゆく。

その後ろ姿を久寛は何とも言えない、複雑な気持ちで見送った。西郷軍は政府軍を相手に思わぬ劣勢を強いられていた。都城隊の前途が明るいとは思えない。にもかかわらず、久寛は都城隊を引きとめられなかった。なぜこのようなことになってしまったのだろうか、久寛は深くため息をついた。

そもそも都城は旧薩摩藩領内にしては珍しく、私学校勢力が入り込めなかった地域である。

県内全域を勢力下に置いたといわれている私学校は、なぜ都城に影響力を及ぼせなかったのだろうか。

理由の一つには、私学校が勢力を拡大した時期、都城が宮崎県に属していたという行政上の要因が挙げられる。しかしそれ以上に大きかったのは、都城では久光を信奉する都城精忠組の幹部たちが士族を束ねていたため、私学校を中心とした組織作りが困難であったということだ。

とはいっても、都城士族が久光に従って局外中立の立場をとることにすんなり決したかといえば、そうではない。

元来、人一倍血の気の多い彼らが、自分たちの実力を発揮する千載一遇のチャンスを前に手をこまねいているはずがない。都城士族の間には西郷軍に加わるべしとの意見が根強く、御加勢人の肥田景之は説得に苦労したという。

殺気立つ数千人の群衆を学校に集め、この年、二十七歳になる肥田は高机二脚を積み重ねてその上によじ登り、決死の覚悟で出陣不可の大演説を行なった。それでも群衆は承知せず、再び肥田は声を嗄らして叫ばなければならなかった。

肥田の説得工作により都城士族の大半が渋々局外中立を受け入れたが、一部が独自の判断で西郷軍へ身を投じた。それが武田らの結成した都城隊であったというわけだ。

こうして故郷の人々を振り切って出発した都城隊は、鹿児島に到着するや、西郷軍側から思わぬ要求を突きつけられることになる。

〈肥田の首と島津久寛の首を持って来い〉（『史談会速記録』第二百八十三輯）

肥田の首はともかく、島津久寛の首を持って来いとは、西郷軍側も随分思い切った言い方をしたものである。都城士族をわざと激昂させるような言葉の裏には、主従が家族のように密着している都城の特殊な事情を踏まえたうえでの思惑があった。

〈私学校の方で（筆者註・都城隊の入営をすんなり）受付けなかったといふのは策略であった。わずかに一隊や二隊ではしようがない、都城の兵を残らず立たせる積もりであった。そこで刺激を与へるためにやったのである〉（同上）

戊辰戦争の折の都城武士の勇敢な戦いぶりは薩摩領内に鳴り響いていた。それゆえ都城全体が決起することを、西郷軍は願っていたのだろう。

もちろん、その願いは叶わなかった。

この決起工作が失敗した時点で、西南戦争の帰趨が決まった、といってもそれはけっしてオーバーではあるまい。しかし、それでも都城の一部の武士たちが西郷軍に参加したのを見て、久寛はまるで我が身が引き裂かれるような痛みを覚えた。

西南戦争は確実に、島津宗家を中心とした共同体を解体していったのである。

四月二十七日、鹿児島城下。

西郷軍の沿岸警備網を突破し、政府軍が錦江湾へ入港した。海上に忽然《こつぜん》とおびただしい数の軍艦が姿を現わしたのだから、鹿児島城下の人々はさぞ驚いたことだろう。軍艦には征討参軍・川村義純、陸軍少将・大山巌《いわお》、陸軍少将・高島鞆之助《とものすけ》など、薩摩出身の錚々《そうそう》たる軍人たちが乗り込んでいた。

西郷らが出陣したあとの城下は、西郷軍の使用する武器弾薬の製造や、物資、兵員の補給など、いわば軍事倉庫の役目を担ってきた。陣頭指揮に当たっていたのは県令・大山綱良である。一地方自治体の長が反乱軍へせっせと武器や兵員を送り込み、物心両面で支えているというのだから、途方もない話だ。さすがに政府は三月に大山を東京へ護送したが、その後も相変わらず鹿児島から西郷軍への補給は続いていた。

政府は軍を送り込み、鹿児島城下の制圧に乗り出す。

従来、薩摩藩士で固められた県庁に楔《くさび》を打ち込むため、土佐藩出身の岩村通俊を鹿児島県の新県令に据え、同時に西郷軍への協力者を軒並み免官とした。これにより、西郷軍は完全に補給路を断たれることになった。

物資や兵員の補給もさることながら、薩摩藩の象徴である鹿児島城下を政府軍に抑えられれば、西郷軍全体の士気が低下する。西郷軍は熊本の人吉周辺で戦う本隊から一部を切り離し、鹿児島へと向かわせた。約四千五百人の兵士たちを指揮するのは別府晋介である。

鹿児島城下で両軍が激突すれば、島津一族も巻き込まれてしまうことは必至だ。

この事態を受け、久光は一族を挙げて鹿児島城下を抜け出し、錦江湾に浮かぶ桜島への避難を決意する。政府軍にも西郷軍にも与《くみ》せず、真の意味での局外中立を貫くための苦渋の選択であった。

だが、理由はそれだけではない。久光も一族の殿様たちも、薩摩藩士同士が戦う姿を直に目にしたくはなかった。譬えていえば息子同士が殺しあうのを父親が目の当たりにするようなもの、一族にとってこれ以上耐えがたいものはない。やり場のない怒りと絶望を抱え、一族の面々は荷造りを始めた。


五月三日、桜島。

桜島は七十七平方キロメートルほどの面積の大部分を、北岳、中岳、南岳の三つの活火山が占めており、これらの山々を人々は畏怖の念をこめて御岳《おたけ》と呼ぶ。港から桜島までは目と鼻の先ほどの距離で、現在ではフェリーに乗れば十五分くらいで到着する。今は大隅半島と地続きになっているが、この頃は独立した島であった。

この島に向かい、島津一族は避難を開始した。

桜島へ避難したのは一族の殿様たちだけではない。一族の女性や子どもたち、親類縁者、彼らに仕える人々……、数千人にものぼる人々の大移動が行なわれた。桜島の岸壁から海を見下ろせば、人々と荷物とを満載した船が後から後から続いて浮かんでいる。

奥方や姫君を乗せた船が到着すると、華やかな着物がゆるゆると降りたち、たちまち砂浜に色とりどりの花が咲いた。彼女たちの後ろには、金蒔絵《きんまきえ》を施した鏡台、化粧道具の箱などを捧げ持った女中たちが続く。それはまるで「平家物語」壇ノ浦の一場さながらの光景だった。

都城島津家当主・久寛を乗せた船も桜島へ渡った。

都城島津家の親戚、女中、下男などとともに、都城から駆けつけた御加勢人たちもこれに従った。久寛公の一大事に、彼らは取る物も取りあえず家を飛び出した。本書で繰り返し見たように、久寛と彼らは家族同様の結びつきなので、これはいかにも彼らしい行動に思えるが、事はそう簡単ではない。

というのも、五月二日、都城に西郷軍の二小隊が侵入していたのだ。

都城が西郷軍に占領されてしまえば、ここは政府軍と西郷軍の戦場になる可能性もある。本来ならば「一所懸命」の都城人にとっては、自分の所領や故郷を守りたいところだが、御加勢人たちは不安を訴える家族や田植え前の水田を放り出し、主君・久寛のもとへ駆けつけた。たとえ都城が焼け野原になっても、久寛公をお守りせねば、という使命感ゆえの行動である。

彼らのような諸郷からの随行者は「御守衛」と呼ばれ、各々《おのおの》氏名を届け出ている。提出された名簿によれば都城士族は九十七人、これは現地に住む桜島士族、久光がかつて当主であった重富《しげとみ》島津家に次ぐ、旧領内三番目の多さであった。

彼らは久寛の周辺を警護するだけでなく、交代で鹿児島へ戻り都城島津家、久光、忠義の留守宅にも気を配った。また肥田景之をはじめとした都城精忠組の人々は、志士運動を通じて政府軍幹部に知己が多いため、彼らとの交渉役も任された。

この日から、主従の長い長い戦いが始まる。

桜島はたった一日で人口が数千人も増えてしまった。しかし島にはこれほどの大人数を受け入れられる宿屋があるわけではない。そこで貴人たちは桜島士族の家々に分散して仮住まいすることになった。

気の毒なのは家を明け渡した桜島士族である。彼らは彼らで住む場所が必要だ。島の各所で荷物の出し入れが慌ただしく行なわれた。

鹿児島側から眺める桜島は、太陽の位置により一日に何度もその姿を変える。

なかでも最も美しいのが夕暮れ時の表情だ。頭上に茜雲《あかねぐも》をのせ薄紫に染まる桜島はさながら貴婦人のような優雅さである。ところが実際桜島に足を運ぶと、遠くから眺めていた優美な印象は一変、白い噴煙を上げながらそそり立つ山肌は息をのむほどに荒々しい。

まして夜ともなれば、山頂は鬱々《うつうつ》とした重量感をもって、見上げる者にのしかかってくる。遠く波の彼方に鹿児島城下の灯をのぞみ、底しれぬ闇を湛《たた》えた空と海との間に横たわる桜島で、島津一族は眠れない夜を迎えていた。

五月五日未明、鹿児島城下。

いよいよ西郷軍と政府軍との間で戦闘が開始された。西南戦争中の出来事を記した島津宗家の日記（「磯島津家日記」）によれば、一時間余り続いた砲撃戦において西郷軍側の砲声は十分の一程度で稀であったという。両軍の砲声の違いを聞き分けられるということは、各々の使用していた武器が異なるということだ。旧式の武器で戦う西郷軍は劣勢に立たされていた。

そこへさらなる追い討ちをかけるため、政府軍は鹿児島市街地に火を放った。

鹿児島城下をなめるように火の手が広がってゆく。たちまちそこかしこから黒煙が上がる。血煙を吹き上げて苦しむ瀕死の獣さながらに、火柱を高く上げ鹿児島城下はみるみるうちに焦土と化していった。

防衛のためあらかじめ人家を焼いてしまうのは市街戦の常道。数ケ月前にも熊本城下で鎮台の自焼ともいわれている火災が起こり、熊本城天守閣を含め城下一帯が焼失していた。とはいえ、政府軍幹部の大半は薩摩藩士である。その政府軍が躊躇することなく、故郷の街を焼き払う作戦に出たということに鹿児島城下の人々は衝撃を受けた。

この地獄絵図の一部始終が桜島から見えた。

鹿児島で戦っている男たちは、両軍ともに断髪・洋装の兵士ばかり。それに引きかえ桜島には、旧幕時代と変わらぬ姿の「薩摩武士」がひしめいていた。にもかかわらず、対岸から兵士どもの戦闘を眺めているだけとは、なんという口惜しさだろうか。

まして島津一族の心境は言葉に表わせない。

本陣となった大きな屋敷の奥にまで大砲の音が響く。火焔の下をかいくぐり、今まさに旧領民が逃げ惑っている。けれども局外中立を宣言した島津一族が、彼らのために打てる手など何一つなかった。

時間が経っても、鹿児島市街地の火の手は一向に収まらない。昼過ぎからは銃声に交じり大砲の音も聞こえ、その度に炎は息を吹き返す。数千戸もの人家が灰燼に帰し、人々は荷物を抱え、命からがら各所へ散っていった。

砲弾に追われるように逃げてゆく住民を横目に、市街地にある都城島津家の薩摩屋敷には御加勢人が留まり続けていた。あたりには火災による黒煙と硝煙が立ち込め、彼らの目や咽喉《のど》を容赦なく刺激する。政府軍はしきりと立ち退きを勧告してきたが、彼らは耳を貸さなかった。

国の行く末を案じ立ち上がった憂国の士と、国家の安寧秩序を保つために集結した愛国の士が戦火を交える鹿児島城下で、煙に目をしばたたき時折咳き込みながらも、滑稽なほどひたすらに忠義の士は主人の屋敷を守りぬいた。

夜になって〈御屋敷無事〉との書簡が船便にて久寛のもとへ届けられた。都城島津家の屋敷は、御加勢人たちの手により火災を免れた（だが、これも一時のことで、結局、屋敷はこの後炎上することになる。後述）。

六月初旬、桜島。

島津一族と御加勢人たちは、いまだにこの島で避難生活を続けていた。当初彼らは短期間で鹿児島へ戻れると予測していた。ところが、思いのほか両軍の戦闘が長引いたために、島の暮らしは各方面で支障をきたすようになってきた。

そもそも桜島には数千人規模で増えてしまった人々の、日常生活を支える仕組みがない。

それゆえ御加勢人たちは毎日のように船を出し、食糧や日用品を買い出しに鹿児島城下へと向かうのだが、その足元を見透かすように日々品物の値段が跳ね上がった。

膨大な人数に及ぶ御加勢人の宿代や食事代は島津一族の持ち出しである。戦時下ゆえに財産の現金化がむずかしいことも一族の財布を逼迫《ひっぱく》させ、都城島津家でも久光に金三百円を借り入れているほどだ。

やがて事態はさらに深刻化し、現金を持っていても食糧、ことに米が手に入らなくなった。

もともと鹿児島県は都城のような限られた地域を除き、水田耕作に適した土地ではない。そのため通常は他の地域からの買い入れにより不足分を補っていた。しかし、戦争勃発以降は物資の流通が滞り、そのうえ両軍が奪いあうように買いあさったので、ただでさえ品薄な米は鹿児島城下から払底した。

肥田景之は知恵を絞り、妙案を編み出す。

〈鹿児島の第五銀行に米がある。それを取出して食糧に当てよう〉(『史談会速記録』第二百八十三輯)

この時期はまだ貨幣経済が徹底されず、特に旧薩摩藩領内は地租改正が遅れたために、他の地域のように税金の金納も行き届いていなかった。それゆえ、いまだに都城では米が金と同じように扱われ、銀行が米を預かっていたのだ。

第五銀行の米を手に入れるには預け主から買い付けなければならない。だが、彼らの多くが避難中で所在が不明だ。肥田らは山野を駆け巡り、米の預け主を見つけると拝み倒してこれを買い付け、桜島へ輸送し事なきを得た。

このような物資の不足以上に人々を苦しめたのは、局外中立という微妙な立場だ。武勇で知られた薩摩武士として生まれながら、目と鼻の先ほどの距離で戦争を目の当たりにして、じっと推移を見守るという苦痛。常に実行者であった彼らは、傍観者であり続けることに疲れ果てていた。

六月二十二日明け方、鹿児島城下。

突如、錦江湾沿いの重富に政府軍の軍艦が現われ、おびただしい数の兵士たちを吐き出した。彼らは艦船からの援護射撃を背に、ジリジリと西郷軍を鹿児島城下まで追い詰め、先発の政府軍との間で挟み撃ちの形をとった。

翌日も、その翌日も、政府軍の攻撃は絶え間なく続いた。

大小の砲声が響き渡り、〈山岳も崩るべく大海も覆《くつがえ》すべくして、あたかも天地の震動するかと怪《あやし》むなり〉(「磯島津家日記」)という激しさに耐えかね、西郷軍は鹿児島からの撤退を余儀なくされた。

七月十二日、島津一族は鹿児島城下へ戻った。

五月に御加勢人たちがあれほど奮闘したにもかかわらず、今回の戦闘で都城島津家の薩摩屋敷もとうとう焼失した。そのため久寛は仮住まいをする羽目になった。

被害はそれだけではない。なんと土蔵が破られ、先祖伝来の品々が紛失していたのだ。一体誰が盗み出したのだろうか。島津一族の屋敷は、規模や造作が周囲とは明らかに異なる。それと知らずに忍びこんだとは考えにくい。島津家六百年の威光が、風前の灯《ともしび》であることを思い知らされる事件であった。

しかし、そのような身の回りの変化は久寛にとってはどうでもよかった。彼の心を占めていたのは都城をめぐる不穏な情勢である。

西郷軍は各地で敗戦を重ね、次第に宮崎方面へ後退してゆく。

西郷軍の本営は宮崎に置かれ、西郷隆盛や幹部たちが駐留していた。単純に考えれば、次なる戦いの拠点は宮崎となるはずだが、参軍・川村純義はその手前にある都城に注目した。

当時都城は西郷軍の軍政下にあった。

御加勢人たちが久寛を警備するために桜島へ向かうのと入れ替わるように、西郷軍が都城へ進出してきた。都城には西郷軍の弾薬製造工場が設置され、交通の要所である都城から食糧や物資が前線へ送られた。要するに都城は西郷軍の補給基地になっていたのだ。

川村は西郷軍のこの動きを開戦時から予測し、「都城さえ突破すれば、西郷軍はひとたまりもない」と当初から主張してきた。

その第一の理由は都城が西郷軍の補給倉庫の役目を担っていたからだが、川村が都城に注目していた要因はそれだけではない。彼は都城という土地にある種の恐れを抱いていた。旧藩時代の都城は自立性が高く、藩の意向に従わず独自の姿勢を貫くことで知られた地域であった。明治二年の藩政改革の際に藩内で唯一、旧領主を地頭に任ずるように運動を展開し、改革派の幹部たちを辟易《へきえき》とさせたことは記憶に新しい。

薩摩藩に対してでさえこのありさま、まして発足したばかりの政府の命に、都城の人々が素直に従ってくれるかは未知数だ。万が一、都城の人々と西郷軍が一体化してしまったらどれほど面倒なことになるか。西郷軍が占領しているか否かにかかわらず、都城は一日も早く政府軍の勢力下へ置かなければならぬと川村は考えていた。

さまざまなチャンネルを通して、政府軍が都城を攻撃するという情報が久寛のもとへ寄せられた。新情報が伝えられるたびに、御加勢人たちの表情は険しくなった。

だが、故郷に危険が迫っているというのに、彼らは鹿児島城下に留まった。局外中立の立場を貫くためである。

上級の武士である彼らは城下士との繋がりが深く、西郷軍、政府軍双方に知り合いが多い。帰郷すれば両サイドから接触が図られ、戦争から中立でいることなどとてもできない相談だ。たとえ妻子が危険にさらされようとも、たとえ屋敷を失おうとも、たとえ故郷が焼き払われようとも、彼らには久光に誓った言葉のほうが重かった。

桜島滞在中、御加勢人たちが綴った『桜島御滞在中日誌』には、各地から集められた情報も書き留められている。

〈都城が焦土と化すことは逃れられず、もし焼失しなければ天幸というべきものであろう。親族を助けたいとの願いは、けっして持ってはならない。このような状況下で、強いて自分の親族の無事を望むと、魔物に魅入られてしまうだろう。我々が今すべきことは、親族の安否に心を乱されることなく、正しい心持ちで道が開けてゆくのを待ち、戦争後の食糧不足から領民を救う詮議をすることである〉（著者意訳）

奇跡でも起きない限り、都城が焦土と化すことは免れない。故郷の人々を戦火から救えない罪の意識に苛まれながら、久寛と御加勢人たちは息を詰めて事の推移を見つめていた。

七月二十四日、都城。

都城盆地には朝から雨が降っていた。糸のように細い雨に濡れて木々は緑を鮮やかにし、水分をたっぷり吸い込んだ大地からは草と土の匂いが立ちのぼる。快い眠りから覚めようとする街並に、ひたひたと政府軍が近付く。

これまで各旅団は各地で個別に西郷軍と対峙してきたが、最重要拠点である都城攻撃に際し、轡《くつわ》を並べて総攻撃をかけることになった。末吉《すえよし》方面からは別働第一旅団、庄内《しょうない》からは第三旅団、通山《とおりやま》からは第四旅団、財部《たからべ》からは別働第三旅団、都城は四方を囲まれてしまう。兵士たちは息を潜め耳を澄ませ、攻撃の合図を待っていた。

緊迫する周囲の状況とは裏腹に、都城内部の雰囲気はのんびりとしたものだった。

御加勢人・池袋清亮の屋敷には、朝早くから西郷軍の幹部の数人が立ち寄っていた。池袋の家族が遠くから砲声のような音が聞こえてくることについて尋ねると、彼らは差し出されたお茶を美味しそうにすすりながら、

「今日明日中に、政府軍が来るという気遣いはない」

と口々に言った。

その時だった。耳を劈《つんざ》くような砲声が響いたかと思うと、茶飲み話に興じる庭先に弾丸が落ちてきた。都城総攻撃が開始されたのだ。

突然の猛攻に、都城は大混乱に陥る。

圧倒的な兵力でせまりくる政府軍に押され、なんと西郷軍は先を争い逃げ出した。都城を取り囲んだ政府軍の包囲網は完全ではなく、東北から東南にかけて兵員の配置が行なわれてはいなかった。敗走する西郷軍はこの間を抜けていった。

山々にこだまする激しい銃声に驚き、家を飛び出してきた都城の人々の目の前を、西郷軍の兵士たちが武器も持たずにひたすらに逃げて行く。

その姿を見て人々も反射的に駆け出す。

逃げ惑う人々の叫び声、泣き声、怒号、それらをかき消す砲声。やがて不気味な静寂が盆地を支配した。

政府軍の奇襲に驚いた西郷軍が一斉に敗走したため、都城盆地では目だった戦闘や市街地への放火は行なわれなかった。

午前十時、警察部隊である別働第三旅団が都城へ入ったのを皮切りに、すべての旅団がこれに続いた。午後には、山縣有朋や川村純義などの政府軍幹部も都城入りを果たしている。

西郷軍がいかに慌てて逃走したのかは、放置された武器の多さが物語る。『都城市史』によれば、七月二十九日から九月十九日の間に、和銃、施条銃（ミニエー銃、針打銃、七連銃などのライフル銃）百九十五挺、刀三十九本が戸長を通じて鹿児島県出張所へ届けられたという。そのほか、銃弾製造の機器や補給物資など、今後の戦闘に必要な品物も放り出されたままになっていた。西郷軍の忘れものは、これだけではなかった。

西郷軍は驚いたことに、病院に入院していた仲間の負傷兵さえも置き去りにしてしまった。

負傷兵たちは進軍に従い各地を移動してきた。今回もまた、西郷軍は彼らを連れて逃げなければならなかったのだが、時間的な余裕がなかったのだろう。政府軍関係者が病院となっていた学校（現在の明道《めいどう》小学校）の寄宿舎に入ると、身動きのできない負傷兵が数名居残っていたという。そのほかの負傷兵は病院から逃げ出したものの、足もとがおぼつかず雨に打たれながら路傍に倒れこんでしまっていた。

政府軍各旅団が都城に滞在していたのは、わずか半日ほど。翌日の朝には、再び進軍を開始した。都城陥落により西郷軍は宮崎から鹿児島への経路を閉ざされ、日向北部へと追い詰められてゆくことになる。

八月半ば、政府軍は西郷軍を可愛岳《えのだけ》（宮崎県延岡市）に追い詰めた。

このままでは全軍壊滅という事態に至り、西郷隆盛がようやく自らの言葉を口にした。

「我が軍の窮迫、ここに至る。今日の策は、ただ、一死を奮《ふる》て決戦あるのみ」（『西南記伝』）

そして、政府軍に投降したい者は投降してほしい、死にたいと思う者のみ私についてきてほしい、と結んだ。

西郷は大切に持ち歩いてきた陸軍大将の正服を焼き、一個の士族に戻った。征韓論に敗れて下野して以来、生きる気力を失っていた彼は、ここに至ってようやく死ぬために生きようとする逆説的な気力を見出す。ここからの西郷軍の動きは素早い。

八月十七日夜、西郷とそれに従う約五百名の人々は、政府軍の包囲網を突破して可愛岳を脱出した。

翌日未明に総攻撃を決定していた政府軍は、あまりのことにしばし呆然としたという。待ち構える政府軍の諸隊を巧みにかわし、鹿児島へ鹿児島へと、彼らはひたすらに南下してゆく。彼らは自分自身の身の処し方をすでに定めていた。最期の時を迎えるため、西郷一行は桜島の見える場所へと戻ってゆく。

最後の最後になって、やっと西郷軍に薩摩武士本来の俊敏な動きが見られたのは、なんとも皮肉なことだ。

だが、ここに大きな問題があった。それはこの西郷軍の撤退経路の上に都城が位置するという事実である。緑の盆地に再び危険が迫っていた。

八月二十八日、都城。

都城地域を統括する、新政府の都城出張所に、隣接する小林（宮崎県小林市）付近に西郷軍が現われたという知らせが入ってきた。小林から都城までは九里ほど、西郷軍は短時間で到着することができる。出張所の官吏たちは震え上がった。官吏たちは都城の飛び地である福山まで自分たちを引き下げてくれるように上申したが、県本庁からの返事はなかった。

この時期、政府軍は西郷軍の壊滅を見越して都城を引き払い、あとには政府軍病院の支病院に入院中の負傷兵だけが残っていた。市内の行政事務は都城出張所（都城鹿児島県出張所）が、警察事務は都城警視分署が各々執っていたが、単なる平常業務に終始し、戦闘に対する備えはまったくされていない。

つまり都城は手負いの獅子の目の前に、いきなり素手で放り出されたようなもの、このままではひとたまりもない。

焦った出張所の官吏たちは、肥田景之ら地域の有力者二、三名を呼び出した。久寛のもとに留まっていた彼らは、都城陥落のあと故郷へ戻っていた。

〈私のところに県出張所から急使を発して「大至急出張を乞ふ」との事でありますから、出張してみると、庭には乗馬駄馬数十頭備へてあって、出張所員は各々今にも駆け出しさうな支度をしていかにも狼狽《ろうばい》、と言っては失礼でありますが、戦々（恐々）として落ちつかないといふ所に、私は駆け付けた〉（『史談会速記録』第二百八十三輯）

官吏たちは都城島津家の御加勢人たちに協力を要請してきた。彼らはなりふり構わず肥田らに訴えた。

私たちは病院の患者や都城の良民を守りたいのだが、残念ながらそれだけの力がない。今となっては、あなた方のお力だけが頼りです。あなた方が我々を助けて守備に従事してくださったならば、都城はどうにか維持することができる。もし、それができないとおっしゃるならば、我々は只今より志布志方面へ退くほかありません、と。

官吏たちの情けなさに内心呆《あき》れながらも、肥田らは協力を即答した。そして今にも逃げ出さんばかりの県官らを押しとどめ肥田は語りかけた。

「及ばずながら我々同志は国家のため、良民のため、ご依頼がなくても応分の力を尽くす所存でありました。どこまでお役に立つか分かりませんが、ご依頼の件は喜んで御協力致します」

　そして肥田は官吏たちに、上に立つ者が慌てふためくそぶりを見せると人心が動揺する、こんな時こそいかにも落ち着いた様子でいなければならない、と諭した。

　さらに、西郷軍の進軍ばかりでなく、都城内の帰順兵の動向にも気を配らねばならぬ、と肥田は強調した。帰順兵とは西郷軍に従軍しながら自主的に降伏したり、捕虜となったりして政府軍へ投降した者たちである。

　第二次世界大戦時の日本軍では、敵に投降することは卑怯の極みとされたが、そのような考え方は日本古来のものではない。ことに中世的な雰囲気が残る薩摩藩では、負けを認めて頭を下げている者をさらに辱めたり、運悪く捕虜となった者を蔑むようなことはなかった。

　そうはいっても、帰順兵の気持ちは複雑だ。西郷軍が通過する際、彼らが平静にしていられればよいのだが、もしも呼応してしまえば都城が火種となり、戦火が拡大してしまう恐れも十分に考えられた。

〈さういう場合でありますから、ここでは泰然としてあくまで落ちついている態度を取って、こちらにはけっして賊兵の向ふといふことはない、もし向った所が差支えないといふ態度を示さなければならぬ、さうすれば人心の動揺を防ぐことができ、したがって帰順者の再起を鎮撫することができる、余程そこは肝腎なことである〉(『史談会速記録』第二百八十三輯)

何よりも人心を動揺せしめないよう、ここは泰然自若《たいぜんじじやく》として振る舞うべきで、そうしていれば帰順兵が再蜂起する心配もないと説く肥田の演説に県官たちは大いにうなずき、一から十まで従う姿勢をみせた。もはやどちらが為政者だか分からない状況になっていた。

都城島津家の御加勢人たちは、水を得た魚のように自由に采配を振るい出した。まず肥田の家に本部が置かれ、次いで便宜のよい場所に屯所が設けられた。御加勢人の中から小林方面へ探偵が出され、情報の収集に努める一方、九十七、八名ほどの人員が二人一組になって説諭を行ない市民たちの動揺を抑えた。半夜交代巡邏《じゆんら》が行なわれ、万が一に備えて終夜の泊まり込みも行なわれた。そのうえ県官や警視たちにもそれなりの事を分担してもらい、花を持たせることも忘れない芸の細かさまでみせていた。

捕縛した西郷軍側の偵察の供述から、西郷軍は小林から二手に分かれて鹿児島と都城へ向かい、都城方面の軍を率いるのは村田新八であるとの情報を得た。

熟練した戦士である御加勢人たちは西郷軍と戦闘に及ぶことはむずかしいと判断し、すぐさま戦いを回避するための情報戦にうって出る。

そこかしこに斥候《せっこう》を飛ばし、「都城方面には政府軍がまだたくさん残っており守備がすこぶる厳重である、もしも都城経由で鹿児島へ出ようとするならば政府軍と一戦を構えなければならないだろう」との偽情報を流す。西郷軍側がその偽情報を信じて、他のルートを選択するように巧妙に誘導したのだ。

このような消極的な作戦には異論が噴出した。しかし肥田は勇ましい意見を退けた。〈口には各々「倒れるまでやる」と言ひますけれども、ここを通過することになれば、たちまち修羅の巷《ちまた》となってこれに応ずる者も多いに違ひない、さうすればわずかの人数を以てこれを防ぎ止めることは容易でない〉(同上)

肥田は臆病なわけではない。ただ、冷静なだけだった。

手負いの獅子と勝ち目のない戦いをするのか、都城を無疵《むきず》のまま残し、人々の生活の糧である収穫前の農作物を守るのか、地域を束ねる者としてどちらを選ぶのかは、考えるまでもない。鳥羽・伏見の戦いの折、勢いに任せて戦場を飛び回っていた少年の日の無謀な肥田の面影は、片鱗《へんりん》もみられなかった。

彼らは都城の守りは万全という話を流す一方で、内情が伝わらないように西郷軍側の偵察を次々と捕縛した。西郷軍側では都城の情報がまったく入らない状況下、守りが固いという話ばかりが膨らんでゆく。

結局、西郷軍は都城を避けて鹿児島へ針路をとった。御加勢人たちの活躍で、都城は再び戦火を逃れた。最後の最後まで、政府軍は姿を現わさなかった。県本庁も何もしてくれなかったが、御加勢人たちは不満をいうことはなかった。

自分たちの土地は自分たちの手で守る。

土地に根差した中世流の武士である彼らにとって、それはしごく当たり前のこと。必死の形相の西郷軍を相手にあくまでも冷静沈着を貫く、彼らの見事な采配は際立っている。それもそのはず、地租改正により命と同様に大切な土地から無理やり切り離された城下士と異なり、自作の農地の所有を認められた彼らは、以前と変わらず彼らのままでいられた。彼らは理念よりも現実を重んじるリアリストの集団、薩摩武士の本質を忘れることはなかった。

平穏を取り戻した都城盆地は、月の光と虫の音の織りなす薄布にくるまって、深い深い眠りに就いた。

九月一日に西郷軍が鹿児島へ舞い戻ってから二十日余り、死闘はいよいよ終わりを告げようとしていた。

九月二十三日、参軍・山縣有朋は西郷に書簡を出す。

そのなかで山縣は、明朝四時から予定されている総攻撃までに自決するよう西郷に勧めている。これは彼の友情から出た本心であろう。とはいえ、彼は自分の提案が受け入れられないことも知っていた。すでに多くの配下が賊名を蒙《こうむ》り亡くなっている。自分のみ美しい最期を選ぶはずがないことを、かつて西郷の直属の部下であった山縣は誰よりも理解していた。

この夜、西郷軍では大宴会が開催された。明日になれば西郷軍が壊滅することを、西郷軍も、政府軍も、島津一族も知っていた。

この時、島津一族は再び桜島にいた。勿論、都城島津家当主・久寛の側には相変わらず都城島津家の御加勢人たちの姿があった。西郷軍の都城侵入を未然に防いだ彼らのもとに、久寛が桜島へ避難したとの知らせが届けられると、ためらうことなく彼らは主君の元へ駆けつけた。

彼らが収穫期の農地を放り出し、桜島に留まっていたのは、久寛のためであることはいうまでもない。しかし同時に、西南戦争を最後まで見届けたいという気持ちが強かったのも確かだ。

西郷軍の幹部も、政府軍の幹部も、彼らにとってはともに時代を切り開いてきた同志たちだ。

高い理想を掲げ一丸となっていた仲間たちが、二手に分かれて血みどろの争いを繰り広げるさまを眺めながら、彼らの内部には複雑な感情が湧き出していた。

明治維新とは一体何だったのか。我々は何を守り、何を壊したのか。

彼らは明日、明治維新の終着駅にたどり着く。扉が開いた先にどのような光景が広がっているのか、ぜひとも確かめなければならなかった。

九月二十四日午前四時過ぎ、予告通りすさまじい砲撃が開始された。

桜島の丘の上では、島津一族や御加勢人が成り行きを見守っていた。突然、人々の間から悲鳴にも似た声が挙がる。

「二位様（久光）のお屋敷が燃えているのではないか?」

指差す方を眺めれば、夜明け前の空に仄《ほの》見える城山の稜線の裾、久光の屋敷である旧二の丸あたりからしきりと焔が上がっていた。

政府軍第三旅団は午前三時半に久光の屋敷へ向かい、梯子を掛けて垣根を乗り越え、竹柵を破壊し、一斉に鬨《とき》の声を挙げながら火を放った。

賊軍を制圧するという名目で行なわれた旧二の丸放火であったが、実は西郷軍は内部にはいなかった。知らずに火を放ってしまったというのが政府軍の言い分であったが、それはきわめて疑わしい。政府軍は西郷軍がいるか否かにかかわらず、戦略上妨げとな

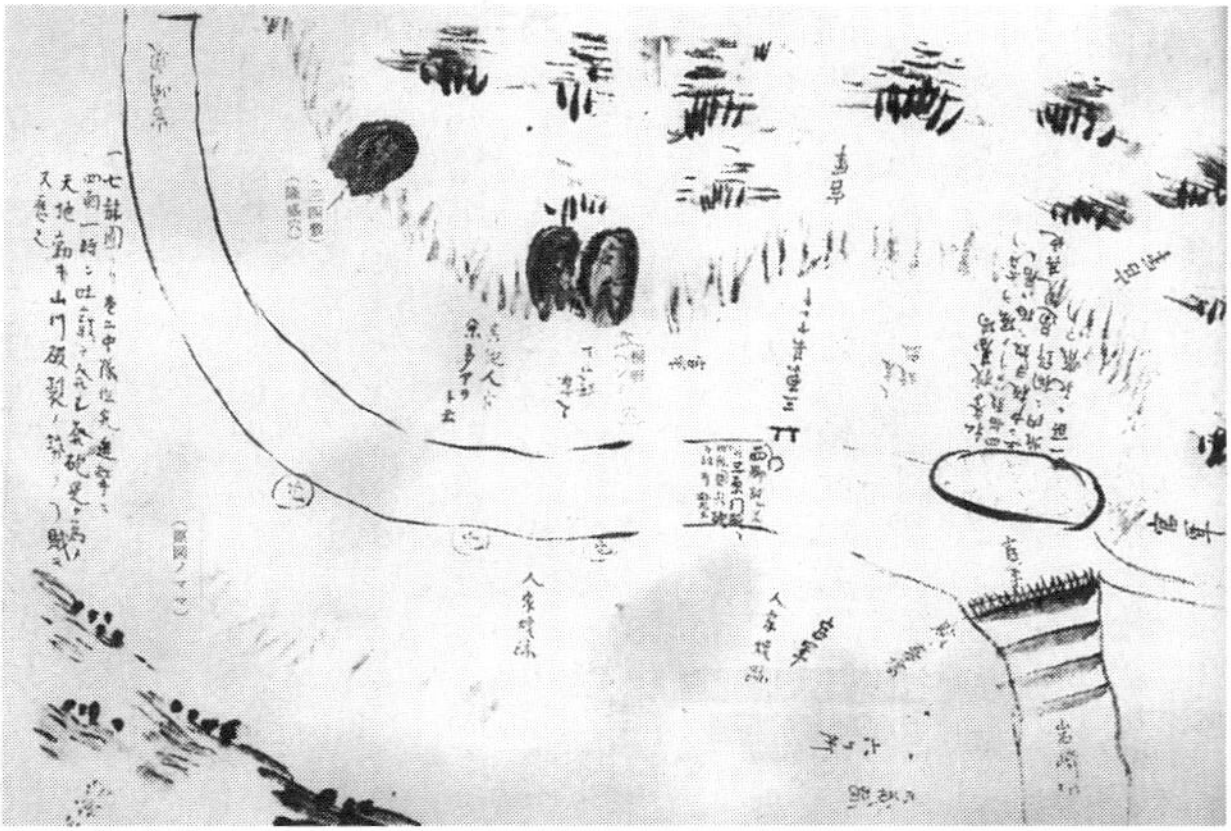

『日誌』に記されている西郷軍最期の様子。左上の黒丸が西郷自決の洞窟。

る屋敷を焼失させるつもりではなかったか。

旧本丸は明治六年にすでに焼失していたが、この日の放火により、薩摩藩七十七万石の居城であった鶴丸城は完全にこの世から消え去った。

紅蓮《ぐれん》の衣装をまとった旧二の丸は息をのむほどに美しく、薩摩の人々の魂を揺り動かす。天に向かい旧二の丸が両手を差し出すと、袖からは降りしきる雪のように火の粉が舞い散った。古人たちが繰り返し唱えていた言葉が今、薩摩の人々の胸に蘇る。

この世に薩摩ほど美しい場所が他にあるだろうか。

薩摩こそがわれらの守るべき場所。

薩摩こそがわれらの故郷。

焰の中で旧二の丸は一瞬膨張し、次いでゆっくりゆっくり崩れ落ちた。午前七時西郷軍幹部は自決あるいは討ち死、悉《ことごと》く壮絶な最期を迎え、西南戦争は終わった。

九月二十五日、鹿児島城下。

朝から冷たい雨が降り止まず、光を失った街は日頃の陽気さを潜め、鉛色の海に囲まれた陰鬱な横顔をのぞかせていた。

都城島津家の御加勢人たちは、旧二の丸の廃墟を前に呆然と立ち尽くしている。都城島津家は久光の屋敷の土蔵に大切な文書類を預けていたが、それらはすべて焼失した。過ぎた日々、都城精忠組は都城島津家当主・久静の支援を受けて志士運動を行なった。彼らは新しい国家を打ち立てたが、その結果として西南戦争が起こり、薩摩藩は三分裂し、多くの仲間が亡くなった。旧薩摩藩領内各地の田畑や人家が焼かれ、これから冬に向かうというのに旧領民たちは路頭に迷っている。

そう考えると、明治維新への疑問がついつい頭をもたげてしまう。

されど明治維新はあくまでも正しくあらねばならない。もし一片でも疑いを差し挟めば、何のために久静は京都で客死したのか、何のために藩士たちは鳥羽・伏見の戦いや戊辰戦争で亡くなったのか、分からなくなる。

彼らは感慨を振り払うように土蔵内の後片付けを始めた。他家の御加勢人たちも、泥《ぬか》濘《るみ》に足を取られながら作業をしていた。

彼らの頭の上には申し合わせたように丁髷が結われている。

遠い昔、丁髷は倭寇たちも好んだ髪形で、東シナ海で生きる男たちの国境なき自由な精神の証であった。しかし中世東シナ海の物語が終わってしまった今となっては、単なる時代遅れの象徴として彼らの頭に張り付いていた。薩摩の男たちの退場により中世東シナ海の物語は完結し、血と名誉と憎しみに彩られた近代東シナ海の物語が始まるが、そこに彼らの出番はない。

今から遡ること十四年前、薩英戦争により鹿児島城下は焼失した。あの翌日は眩しいばかりの青空で、市街地が焼かれたというのに鹿児島の町は底抜けに明るかった。それが今日はどうだ。この日の鹿児島を覆っていた昏《くら》さは、天候のせいばかりではない。薩摩の内部崩壊により、鹿児島を内側から輝かせてきた光源もまた消えてしまった。薩摩帝国の栄光が泥濘に溶け出して、彼らの足下から流れゆく。

雨にそぼ濡れた鹿児島は日本のどこにでもある、平凡な地方都市の一つに見えた。彼らはうすら寒い秋雨に打たれながら、黙々と緩慢な動きを続けた。

第九章　殿様と新政府

西南戦争からはや十数年が経った明治二十三（一八九〇）年一月二十四日、東京・芝。料亭・紅葉館の門を、薩摩藩出身の政府高官や軍人たちを乗せた馬車や人力車が次々とくぐってゆく。

紅葉館は現在の東京タワーの場所にあり、明治から昭和初期にかけて政財界の大物や文化人が出入りをしていた高級サロンだ。純和風の建物と見事な庭園が調和し、美人揃いの女中たちが着物姿で接待するのが呼びものの一つ。作家・尾崎紅葉も常連で、彼の著作『金色夜叉《こんじきやしや》』のヒロインのモデルは、紅葉館の女中であったといわれている。

この日も紅葉館の玄関先には華やかな着物に身を包んだ美しい女中たちがずらりと並び、客の接待に当たっていた。

客の中の一人に松方正義《まさよし》がいた。松方は精忠組の一員で維新後は明治政府に出仕し、前年末に発足した第一次山縣有朋内閣では、黒田清隆《きよたか》内閣に引き続き大蔵大臣を拝命した。政界きっての大物の彼も今日ばかりは脇役だ。

やがて玄関先に都城精忠組の一員であった肥田景之が顔を見せた。西南戦争の折に西郷軍から都城を救った肥田は、その後東京へ出て現在は横浜正金銀行監査役となっていた。仕立ての良い洋服を着て断髪の髪を撫でつけ、すっかり紳士然とした雰囲気を漂わせていても、額に残る刀傷が彼の本質を物語る。

座敷へと向かう廊下を歩く肥田の後ろには、学習院初等科の制服を着た少年と、そのお付きとおぼしき者たちが続く。この少年こそ本日の主役、都城島津家第二十七代当主・島津久家《ひさいえ》である。

肥田に先導された久家が座敷に入ると、居並ぶ高官たちは座布団を下りて平伏した。静まり返った部屋の中を一行は上座へと進む。高官たちが顔をあげると目の前には、一目見て南国生まれと分かる目鼻のはっきりとした少年が座っていた。

少年の顔は整っていたが、息をのむほどの美貌の持ち主であった前当主・久寛とはあまり似ていない。少年は満十二歳という年齢の割には背が高く体格も良い。華奢であった久寛とはむしろ対照的な印象を人々に与えた。彼らは健康そうな少年を眺めながら、都城島津家の来し方を思い起こしていた。

紅葉館で開催された久家の歓迎会は乾杯とともに賑やかに始まった。

たとえどれほど東京で出世しようとも、旧藩主一族の前に出れば士族たちはたちまち家臣の立場に戻ってしまう。

だから公的な仕事場、たとえば貴族院の会議室で対等に意見を戦わせた二人が、私的な立場になった途端に元の階級に縛られて会話も交わせないという現象が起こり得た。維新から間もない明治時代のことだけでなく、昭和に入ってもこのようなことが続いていたという。

貴族院の書記官であった河野義克によれば、忠義の四男である島津忠重の旧臣に対する影響力は大きかったようだ。

〈私はいっぺん、島津忠重公にね、星ヶ岡茶寮《ほしがおかさりよう》によばれたんですが、島津さんが書記官長以下を呼ばれるとね、それを接待する慣わしとして、薩藩関係の維新の功臣の公侯伯《こうこうはく》子男《しだん》の人々をよぶんですね。そうするとそういう方は、貴族院においては島津さんとヤアヤアとやっていらっしゃるけれど、今度星ヶ岡茶寮に夜行くと忠重公の前では、それはもうぜんぜん違うのですが、私はやっぱり、こういうもんかなと見ていたんです〉

(『貴族院職員懐旧談集』)

昭和十年以降でさえこのありさま、まして明治二十三年当時のことは推《お》して知るべしといったところであろう。

フロックコートや軍服に身を包んだ著名人たちが、一人一人久家の前へ罷《まか》り出て頭を下げた。傍らの肥田から彼らの大げさな肩書が紹介されると、久家の目には素直な尊敬の色が浮かぶ。子どもらしく丁寧に礼を返す久家の姿に、著名人たちはどこか後ろめたさを感じてしまい、なおさら低く頭を垂れた。

ここで話を少しだけ巻き戻す。

明治十七（一八八四）年二月、第二十六代都城島津家当主・久寛は二十五年の短い生涯を終えた。

死因は結核だった。その前年、久寛は島津一族の姫君と結婚していたが、二人の間に子どもはない。久寛は一人っ子で、他に兄弟もいない。

都城島津家は養子を迎える必要があった。跡目《あとめ》を巡って久光と御加勢人たちとの間で激しいやり取りが交わされた。

資産家である都城島津家と宗家との関係を重視した久光は、自分と血の繋がった人物に家督を継がせたかった。そこで彼が目を付けたのが、久寛の妻・明子だ。明子は久光の三男で重富《しげとみ》島津家当主・珍彦《うずひこ》の長女、亡き久寛とはいとこ同士の関係にあった。十五歳にして未亡人になってしまった彼女と久光の孫の誰かを結婚させ、その者に都城島津家を継がせようというのが久光の計画だった。

だが、それでは都城島津家の血統は途絶えてしまう。都城島津家側からすればとうてい受け入れられる話ではない。

御加勢人たちが推したのは第二十五代当主・久静の実弟、久寛からすれば叔父にあたる北郷久政である。久政は当時三十七歳で、都城島津家の分家筋の北郷家を継いでいた。彼であれば都城島津家の血統は繋がる。だが、久光との間には血の結びつきはない。はたして久光は強硬に反対した。

血統の問題もさることながら、久光が久政の当主就任に難色を示したのは、新興宗教に凝《こ》っている点だ。薩摩藩はことのほか神道を重んじる土地柄で、他の地域では容認されていた一向宗を禁止するなど、独自の宗教政策を貫いていた。新興宗教に関わることは、私たちが想像する以上に良からぬことであった。

また久政は西南戦争の際に、島津一族でありながら西郷軍に参加し、投獄の憂き目にあうなど、周囲を憚《はばか》らぬ思い切った行動が目立ち、御加勢人たちもいささか持て余し気味だった。

そこで浮上したのが第三の案、久政の長男でわずか六歳の久家を跡目とするというもの。これは久光側から出された提案だ。久家も久光とは血が繋がっていなかったが、将来宗家の姫君と結婚させれば、生まれてくる子どもには宗家の血統が流れ込むという計算である（だが、実際にはその目論見どおりにはゆかなかった。後述）。

こうしてめでたく第二十七代当主・久家が誕生する運びとなった。

御加勢人たちは久家に新しい時代の当主にふさわしい教養を身につけさせるべきだと

考えた。この時代の最先端の教育といえば欧米への留学と決まっている。久家は上京して学習院に通いながら、将来に備えることになった。

久家はきわめて口数の少ない少年である。

無口は薩摩武士の美徳であったが、彼の場合は別の理由があった。

久家は吃音《きつおん》症だった。

この病は生来のものではない。幼い頃の彼は陽気な性質で、いつもころころと笑い声を立てていたものだ。久家の父・北郷久政は都城島津家に生まれたが、結婚後築いた家庭は開放的で自由な雰囲気に包まれていた。久家は仲の良い両親と妹に囲まれて、幸福な幼児期を過ごす。

ところが思いもかけず都城島津家当主となったことで、久家を取り巻く環境は一変した。久家が家督を継いでから御加勢人が最初に取った行動は、彼を温かな実家から引き離すことであった。

久家は広い屋敷で大人たちに傅《かしず》かれて、お殿様らしく振る舞うように、言葉遣いや仕草の一つ一つに至るまで厳しく指導された。久家の「父」は先代当主・久寛であり北郷久政ではない、都城島津家と北郷家とは別である、などという御加勢人の一言一言が彼を追い詰めてゆく。

久家が口ごもるようになったのは、都城島津家当主になってから二年ほど経過した頃である。御加勢人たちは名医の指導によりさまざまな方法を試みたが、はかばかしい効果はなかった。

誰とも話したくない。

久家はそう考えて、敢《あ》えて口を閉ざしていたわけではない。むしろ逆に彼の心の中には言葉が溢れていた。彼は自分にふり当てられた役割を見事にこなそうとするあまり混乱し、幾種類もの言葉が同時に口の端にのぼり……、結果としてすべての言葉を飲み込んでしまうのだ。

上京しても久家の吃音症は治らなかった。学習院に入学した久家は学年でも抜群の成績を修めていたが、皆の前で意見を発表するような場面では途端に影が薄くなる。もしかしたら学校で薩摩弁をからかわれ、鹿児島にいた時よりも一段と、人前で話すのが苦手になっていたのかもしれない。

当時東京には宮内省式部職に勤めていた北郷久政が住んでいたが、久家は富士見町の借家で在京の裁判官・津曲兼綜《つまがりけんそう》一家と暮らすことになった。津曲家は都城島津家の祖・資忠とともに鹿児島から都城へ乗り込んできた家臣の子孫で、家老として五百年以上にわたり同家に仕える家柄である。津曲家は一家をあげて久家のお世話に当たった。

この件に関して、北郷家側は大いに不満を漏らしている。家族水いらずで暮らせば、吃音症などたちまち吹き飛ぶはずだと北郷家側は主張した。確かにその通りかもしれない。

だが、御加勢人たちは北郷家との別居にこだわった。

少年とはいえ久家は都城島津家当主、孤独と向き合うのは宿命的なこと。都城島津家のなかにあって、この苦境を自分自身で乗り越えるべきだというのが、御加勢人たちの考え方だ。後に述べるように彼が吃音症を脱するのは、自分自身の手で未来を切り開いた時であったので、彼らの厳しい判断はあながち間違いとはいえない。

このようなことがありながら、久家は御加勢人たちをつゆほども恨んではいない。彼には両親から可愛がられて育った子どもに特有の素直さがあり、御加勢人たちの誠意を信じていた。よき当主でありたい、これが彼のあらゆる行動の主題であり、彼の人生の目標であった。

久家の上京に伴い、都城島津家は都城邸内と東京邸内の二ヶ所に事務所を構え、双方で『日誌』が書き継がれてゆく。東京事務所の『日誌』は昭和二十年の空襲で焼失しこの世にはないが、都城事務所の『日誌』を通しても、東京邸内の様子を詳細に知ることができる。

というのも、ほとんどの旧大名家は東京邸を本宅、旧領の屋敷を別荘のように使用していたが、都城島津家ではあくまでも都城邸を本拠地、東京邸を派出所という具合に扱っていた。同家では結婚、就職、入学、不動産の購入などの大きな案件はもとより、子どもたちが何々のお稽古事をしてもよいか、旅行へ行ってもよいか、さらにその旅行中のお小遣いの額など、細々した日常のすべてを都城事務所の了解を得て決定する仕組みだった。

都城島津家の事務所の体制が整備されると、御加勢人たちの中から家政を専門に扱う職員が現われるようになる。彼らは「家職《かしよく》」と呼ばれ、都城島津家から俸給を受け取っていた。

その他の御加勢人たちは「御相談人」と呼ばれ、これまで通り、都城島津家のさまざまな事柄の決定に携わった。彼らは都城島津家から俸給を受け取らず、別に自分の仕事を持っていたが、事があれば駆けつけて対応に当たってくれる。

このような組織は都城島津家に限らず、各大名家が共通して持っていたもので、公家華族、財閥華族、軍人華族とは異なる、大名華族ならではの家風を醸し出していた。

都城島津家が他家と異なるのは、当主の久家が御相談人や雇用関係にある家職に至るまで、相手の名前を「さん」付けで呼んだことだ。これは第二次世界大戦までの上流階級ではきわめて珍しいことで、たとえ総理大臣であろうとも旧臣であれば呼び捨てするのが普通であった。

都城島津家が伝統的に民主的というわけではない。今まで本書で見てきたように、都城島津家は旧弊な体質の家である。生まれながらの殿様である先代当主・久寛が、旧臣に敬称をつけていたとは考えにくい。「さん」という一言に、養子である久家と旧臣との微妙な関係がよく表われていて、すこぶる興味深い。「さん」付けは都城島津家の風習として定着し、やがて他の大名華族家から嫁いでくる夫人たちを戸惑わせることになる。

ところで実はこの当時、都城島津家はまだ華族にはなっていない。明治十七年七月に発布された華族制度は、貴族院議員となるべき人々を生み出す母体として整備された。従来の華族（公家、大名）に加えて、国家に勲功のあった人々にまで間口を広げた点が特徴的だ。

戦国時代には八万石、幕末には四万石弱もの所領を有しながら、なぜ都城島津家は華族になれなかったのだろうか。それは、大名ではなかったからだ。大名とは江戸幕府から一万石以上の領地を認定された人々である。新政府は家柄により武家華族を選抜する場合、江戸幕府から諸侯つまり大名として処遇されていたか否かを一つの基準とした。

都城は江戸幕府から都城島津家の領土と認定されていない。都城は島津宗家から都城島津家が運営を委託された領地という形になっている。しかしそれはあくまでも表面的なこと。入部から幕末まで足掛け五百年余り、都城島津家がこの土地を支配してきたことは本書で見てきたとおりである。旧臣たちの気持ちは収まらなかった。

鳥羽・伏見の戦いや戊辰戦争に命がけで出陣し、新政府を樹立させたのは一体誰なのか。維新の折に日和見を決め込んだ家や、幕府側についた家までもが爵位を得ているというのに、なぜ都城島津家は男爵にもなれないのか。

そもそも華族制度とは、新国家を支える新貴族集団の創出を目的としているはずなのに、前政権が認定した家柄か否かが、選抜基準の一つとなること自体がおかしくはないか、と。

明治二十二年三月、都城島津家同様に大名ではない、島津一族の重富島津家が宗家の願い出により男爵となった。前当主・久寛の妻であった明子の実家である。この一件が負けず嫌いな都城の人々の心に火を付ける。

旧臣たちは各方面へ大運動を開始した。

肥田をはじめとした都城精忠組出身者は、鹿児島精忠組出身者を通じて、政府へしきりと働きかけを行なう。久家のために芝・紅葉館へ駆けつけてくれた松方正義も攻勢にあっている。

明治十七年七月の時点で十四人の旧薩摩藩士が勲功により華族となっていた。

松方は伯爵位を与えられ、この他にも大山巌、川村純義、樺山資紀《すけのり》、野津道貫など、西南戦争で故郷に火を放った軍人たちが軒並み爵位を得ている。肥田は彼らに言いたかった。誰のおかげで今日の地位があるのか、お前らが華族様なのに都城島津家のご当主であられる久家公が単なる士族というのはおかしくはないか、と。

このような点をやんわり突かれると、華族となった薩摩藩出身者は堪らない居心地の悪さを覚えた。彼らは久光秘蔵の孫で、目を見張るほどの美貌の持ち主でもあった前当主・久寛のことをよく覚えていた。また先々代当主・久静のことも忘れていない。久静は早いうちから精忠組の活動に理解を示し支援してくれた。

都城島津家の御恩に報いたいのはやまやまだが、他の大名家とのバランスを考えると二の足を踏んでしまう。中世的な地域領主である島津一族の殿様の立場は全国的に見ても特殊で、他藩の政府関係者には理解しがたいのだ。

明治二十三年五月、宮内省は都城島津家の申請を却下した。

宗家との血筋が遠いこと、維新の折の働きが十分でないことの二点により、都城島津家は華族の基準に達しないという見解であった。

しかし、こんなことで諦める彼らではない。

ことに後者の、維新の折の働きが十分でないという理由については、「宮内省は誰に物を言っているか。顔を洗って出直すのはそちらのほうではないか」という思いだ。

旧臣たちは執念にも似た熱心さで都城島津家を華族にするべく走り回る。彼らにはどうしても都城島津家に華族になってもらわねばならぬ理由があった。

西南戦争から十年以上が経過し、表面的には落ち着きを取り戻しつつある都城だが、人々の心の中にはいまだに戦争の爪痕が深く刻まれていた。

西南戦争は旧薩摩藩を三分した戦いだった。都城でも西郷軍側に与した家と政府軍側に与した家との間にはわだかまりが残り、両者は事あるごとに対立した。局外中立派が両者の間を取り持とうとすると、今度は両方からとっちめられるというようなことがたびたびあった。

人と富とが首都に集中する中央集権国家のなかで、山間部に位置する都城が時代の荒波を乗り切るためには、地域が一つになる必要がある。仲間割れなどしている余裕はない。

都城島津家が華族に列せられるということは、維新の折の都城武士の活躍が新国家に認められるのと同義だ。人々が栄光の歴史・戊辰戦争を再確認することで、西南戦争で生じた亀裂を乗り越えるきっかけにしたい、という思いが御相談人や家職たちを受爵運動へと駆り立てていた。

明治二十四年十二月二十八日、都城島津家は華族に列せられた。ちなみに時の内閣総理大臣は松方正義、恐らく彼が便宜を図ってくれたのだろう。

都城の事務所は、都城島津家が男爵になった旨の広告を地元の宮崎新聞に出す。『明治天皇紀』によれば、島津久家の父・久寛は維新の際に宗家を助けて戊辰役に出兵した、その勲功により久家に男爵を特に授ける、とある。国家は維新の折の都城島津家の功績を認めた。同時にそれは、国家が都城士族の抜群の戦いぶりを認めたことに他ならない。記事を見て多くの人々がお祝いに駆け付けた。西南戦争で敵対した人々も、戊辰役の華々しい武勇伝をおたがいに繰り返し、都城島津家を核として団結していた日本一強い部隊の栄光を称えた。

以後、都城の公的な場で語られる歴史は戊辰戦争の勝利のみとなり、その都度彼らは武士の王国・都城の一員である誇りを確認しあうことになる。


明治二十八年、日本が日清戦争に勝利したことで東シナ海の光景は一変する。

下関条約により清朝は朝鮮の独立を容認し、遼東半島、台湾、澎湖《ほうこ》島を日本へ割譲することになった。東アジア諸国を束ねてきた中国のゆるやかな支配の糸は、日本人の手によって完全に断ち切られ、東アジアの国際秩序は崩壊した。

薩摩の男たちの姿が消えた東シナ海へ、今度は日本中の男たちが乗り出してゆく。

中世の東シナ海では男たちは自分の腕一つで運をつかむことができたが、近代の東シナ海では国家の権威を背負う者がより大きな理想を語ることが許される。日本の若者が東シナ海で活躍するための早道は、軍人となることだった。ことにエリート養成機関である陸軍士官学校や海軍兵学校出身者の前には大きな可能性が広がっていた。

十八歳になった久家も陸軍士官学校への入学を希望する。

薩摩藩といえば海軍というイメージがあるが、長州の牙城と言われる日本陸軍も廃藩置県の前に久光が差し出した御親兵が母体となった組織である。

したがって、当初は陸軍こそが薩摩藩の牙城であった。しかし、その後、征韓論に伴って西郷とともに多くの薩摩藩出身の将校が下野したため、山縣有朋率いる長州閥に徐々に主導権を奪われてゆく。だが、久家のこの時期には、まだ陸軍内の薩摩閥もそれなりに機能していた。

久家の陸軍士官学校受験に関して、御相談人のなかから御教育掛が任命された。後に元帥となる、陸軍軍人の上原勇作《うえはらゆうさく》である。上原の実家竜岡（龍岡）家は都城島津家の親戚筋にあたる家柄で、彼自身は先代当主・久寛の鹿児島・造士館時代の学友であった。久寛が旧二の丸で久光の息子たちと教育を受けることになったのと時期を同じくして、上原は上京し陸軍幼年学校を経て陸軍士官学校を卒業、のちにフランス留学中に学んだ工兵の導入に努めたことから「工兵の父」といわれた。また陸軍の実力者野津道貫の女婿で、若いうちから後継者と目されていた。

先代当主・久寛と上原は主従関係を超えた間柄であった。

上京した上原は都城島津家へ頻繁に新聞や雑誌を届けている。そのおかげで久寛は最新のニュースを手に入れることができた。久寛が久光とともに上京すると、休日のたびに上原は主君のもとを訪れている。またときには久寛の方から、上原が書生をしていた野津家へ遊びに行くこともあった。主人の野津は恭《うやうや》しく久寛をお迎えし、若者たちの話の輪に加わっていた。

久寛が亡くなったのは上原がフランス留学中のことである。帰国した上原は亡き久寛の面影を久家に重ね、主従二人三脚で歩んでゆくことになる。

上原は久家が自分と同じ軍人のコースを選ぼうとしていることに感激しきりであった。久家の学習院での成績は学年でもトップクラス、そのうえ陸軍が兵力を増強したのにともない、陸軍士官学校でも従来百五十人から三百人程度であった合格者を六百五十人から七百人程度へと増やした。久家の陸軍士官学校合格はほぼ確実と思われた。

ところが、久家は二回も続けて受験に失敗してしまう。

原因の一つには学習院の教育方法がある。全国の学校は文部省の管轄下で教育を行なっていたが、学習院は宮内省の管理下にあり独自の方針を貫いていた。たとえば他の中学校が五年制であるのに学習院だけは六年制であったり、他の学校が西洋史を中心とした歴史を学んでいるというのに学習院では東洋史を中心に勉強したりしていた。

これでは一般の学生を対象とした試験を受ける際にはひじょうに不利、文部省の指導要領に沿った内容の勉強をしなければならない。上原の指示で都城島津家は慌てて家庭教師を雇い入れた。

精神的に追い詰められたのだろうか、一時治まっていた久家の吃音は、ますますひどくなってしまう。その姿を見かねた御相談人や家職たちの間から、陸軍士官学校入学以外の進路を模索すべきではないかとの意見が出始めた。

上原はさておき、他の人々は久家が軍人になることを、それほど望んできたわけではない。せっかくここまで育て上げた久家に万が一のことがあれば、都城島津家は再び当主を失う。本音をいえば、別な道を選択してほしかった。

しかし久家の決意は揺るがない。

この時になって初めて、御相談人たちは先代・久寛と久家の性格がとても似ていることに気づかされる。生来病弱な久寛と頑健な久家とでは外見も大いに異なるし、性格もわがままと素直とまるで正反対だ。しかし二人とも、ここぞという場面では譲らない良くも悪くも頑固な性格で、一度言い出したら相手が誰であろうと意志を貫き通す点は共通していた。

それにしても、なぜ久家は陸軍士官学校にこだわったのだろうか。そこで推察するに、おそらく最も重要な点は、士官学校ならば試験にコネが利かず、本人の実力のみが判断されるところではなかったか。彼は自分自身が世間から認められる存在になることで、御相談人や家職たちに安心してもらいたかったのだろう。

三回目の受験の直前、ちょっとした事件が起きる。

士官学校は受験者の年齢について「十六年以上二十年未満」という規則を設けていたが、久家はすでに二十一歳、試験を受ける資格がないことに気がついたのだ。なぜ上原ともあろう者が、このような根本的な問題を見過ごしていたのだろうか。上原は久家のこととなると我を忘れるほど真剣になり、ついつい日頃の冷静さを失うところがあった。

だが、この問題は、御相談人たちが裁判所に駆け込み、「間違った戸籍」を「改正」することで片付く。こうした「リアリズム」に即した解決法を躊躇なく採れるところがさすが薩摩、である。

明治三十一年十一月、久家はめでたく陸軍士官学校に合格した。

久家が陸軍士官学校に合格した知らせは、薩摩藩出身の軍人たちの間を駆け巡る。

彼らの喜び方には一方ならぬものがあった。というのも、当時は大名家やそれに次ぐような家柄の当主や後継者で、陸軍士官学校を目指す者自体がきわめて少数だったからだ。

なぜならば、陸軍は海軍と異なり、エリートといえども一兵卒から出発するシステムになっていた。そのため士官学校に合格してもすぐに入学させず、指定された連隊で一年間下積み生活を送り、連隊から派遣される形で士官学校へ通う。

他のことならまだしも、軍事に関して将棋で言えば、「差し手」であるはずのお殿様が、盤上で自在に動かされる「駒」の一つになるというのは、受け入れがたいものがあったようだ。しかし、それだけに名門に生まれながらあえて厳しい道を選んだ久家を、陸軍内の薩摩出身の人々は温かく迎え入れた。

彼らは久家の背後に故郷を見出していた。

西郷隆盛という踏み絵に足をかけ、彼らは軍部にとどまり出世した。そのことは彼らが一生背負い続けなければならない十字架だった。

初代台湾総督となった樺山資紀は海軍に転じたがもともとは陸軍畑で、西南戦争の時には熊本鎮台参謀長として西郷軍と対峙した。彼の孫で作家の白洲《しらす》正子《まさこ》によれば、その時の樺山の苦衷は並たいていのものではなかったという。

〈今でも鹿児島人にとって、セイゴドン（筆者註・西郷どん）が崇拝の的であるように、私の祖父や父も神さまのように思っていた。その神さまを相手に西南戦争で戦うハメにおちいったのは、祖父にとっては生涯の痛恨事であった。その時彼は熊本鎮台の参謀長で、西郷側にもう砲弾がなくなり、石の弾が飛んで来た時はどうしようかと思ったと、これは後に父から聞いた話である〉（『白洲正子自伝』）

敵の兵器不足に胸を衝かれる樺山の複雑な感情は、政府軍の薩摩藩出身者に共通したものであったのだろう。彼らの撃ち込んだ砲弾により亡くなったかつての仲間、彼らの手で火を放った故郷の町、その下を逃げ惑う民衆。彼らの胸に輝く勲章は、故郷への罪の重さにかしいでいた。

そんな彼らと同じ道を久家は選んだ。この日から久家は、彼らの希望の星となった。

薩摩藩出身の陸軍お歴々の期待を一身に集めて、久家は名古屋守山の三十三連隊へ入営した。

東京から名古屋へ向かう車中、士官候補生・島津久家の隣にはぴたりと参謀本部第四部長・上原勇作が張り付いていた。名古屋守山に到着すると、上原は久家を引き連れて三十三連隊の師団長以下幹部たちのもとをくまなく回った。

久家はいかにも南国育ちらしい目鼻のはっきりとした整った顔立ちで、天神髭と呼ばれるやや両端の下がった髭を蓄えていたことから、学習院では「天神」というあだ名で通っていた。背が高く体格も良いので真新しい軍服がことのほかよく似あう。

一方の上原はがっしりした体格だが背が低く、二人で歩くとまことに対照的な組み合わせだ。

「島津男爵は私の故郷のお殿様でいらっしゃいますが、一旦陸軍にお入りになったから

島津久家

には御身分はまったく関係ありません。ぜひとも諸官のお力でびしびしと鍛えて差し上げてください」

やたらに怒鳴りあげるのが癖で雷オヤジと称された上原から、いつになく優しげな声で頼まれると、将校たちは目を白黒させながらうなずくしかない。

十二月一日午前九時、上原は目をしばたたきながら久家が入営する晴れ姿を見届けると、東京へ取って返した。

参謀本部の公務を放り出しお殿様の入営に御供する上原の態度は、いささか公私混同という感じがする。だが、彼にはそのつもりはまったくない。現在の私たちからすれば国家は「公」で旧藩時代の都城は「私」であるが、上原の頭の中では国家と都城は一直線に繋がっていた。

昭和期に都城島津家の家令であった土持幸平は、上原から〈自分が朝夕祈念《きねん》に存する所のものは、皇室の御繁栄と島津家の永久的存在なり〉（『日誌』）と聞かされたという。この場合の島津家は島津一族全体ではなく都城島津家を指す。

皇室が繁栄し都城島津家が永久に存続する世界、それが上原の理想だ。

上の世代と異なり、上原は西南戦争に出征しなかったので、故郷に対する感情に影を持たずに済んだ。また都城は危ない場面を切り抜けて、奇跡的に戦禍を免れている。このような好条件が重なり、上原は二つの国家の間で身を引き裂かれるような経験をしたことがない。それゆえ彼は故郷や主家に対する思いをストレートに表現することができるのだ。

これ以降、久家が行く先々にはかならず上原が姿を現わし、周囲を思わず苦笑いさせるほどの過保護ぶりを発揮することになる。

明治三十四年七月二十八日、都城盆地は朝から興奮に包まれていた。

ひと月前に陸軍少尉に任官された久家が休暇を利用して帰郷するというのだ。久家は当主となってから八ヶ月程都城で暮らしたことがあったが、それ以来この地を訪れたことはない。

周囲の山々が夕陽に染められてゆく頃、青年有志の自転車部隊に先導されて、砂埃を上げながら人力車がゆっくりと近づいてきた。

道沿いには町の有力者、教員に引率された都城小学校の生徒、おびただしい数の住民が整列し、各役所の前には官吏たちが並ぶ。人々の頭が波のように下がってゆくなかを、軍服姿の久家を乗せた人力車が通ってゆく。

人々の脳裏には、家族から無理やり引き離されて都城へ連れてこられた、幼い久家のおどおどした姿が鮮やかに蘇っていた。久家は士官学校合格を境に吃音症を克服し、生来の明るさを取り戻した。帝国軍人となったお殿様の爽やかな笑顔に人々はすっかり魅了された。

七月三十一日、神柱《かんばしら》神社で招魂祭が執り行なわれた。

これは戊辰戦争、台湾出兵、佐賀の乱、西南戦争、日清戦争など幕末から今日までの戦乱で、官軍に参加して亡くなった旧領民の魂を鎮めるための神事である。遺族たちは都城島津家当主の拝礼を光栄なことだと喜んでいた。

社務所に設けられた供応の席が賑やかになってくると、久家はそっと部屋を抜け出した。すでに日はとっぷりと暮れ、都城盆地の上には菫色《すみれいろ》の空が広がっている。

このあと久家はまっすぐ屋敷に戻るかと思いきや、別の方向へと歩き出した。

この日、神柱神社とは別に、西郷軍側の招魂祭も行なわれていた。つまり都城ではまったく同じ日に、敵味方に分かれた二つの招魂祭が対抗する形で営まれていたことになる。久家の足はその会場へと向かう。

予期せぬ人物の登場に主催者側の表情には驚きの色が浮かんだ。主催者の先導で久家が神前へと進むと、遺族席からはどよめきが起きた。

久家の誕生日は明治十年七月二十三日。西郷軍占領下の都城を政府軍が総攻撃する前日に、彼は焼け野原となった鹿児島で生を受けた。二十四歳の久家の存在そのものが、西南戦争以降の時間の堆積だった。

政府軍であれ、西郷軍であれ、局外中立であれ、一個の武士が自らの意志に従い戦ったのだ。いずれの立場にせよ、御霊《みたま》はねんごろに祀らなくてはならない。

軍服姿の久家が賊軍の汚名を着て亡くなった御霊に手を合わせると、会場は静寂に包まれ虫の音が急に大きくなった。

入部以来五百年余りにわたり、さまざまな戦場に散った都城の武士たちは、つねに都城島津家の祈りにより魂を鎮められてきた。だが、西郷軍に参加して亡くなった御霊だけはその祈りを受けることはなかった。

西郷軍側の遺族たちは、二重の意味で感動を覚えていた。一つ目は都城島津家の当主がわざわざ出向いて拝礼してくれたこと、二つ目は現役の陸軍少尉が正装のまま敵側の御霊に拝礼してくれたこと。拝礼を終えた久家は、すすり泣きがさざ波のように広がる会場を足早に後にした。

これは『日誌』の中に初めて記された、久家独自の判断による旧領主としての行動である。

彼は双方の御霊に平等に拝礼することで、無言のうちに都城の人々に訴えていた。小さな盆地の中でおたがいがみ合ってもどうなるものでもない、あの戦争は二十四年前に終わったのだ、もういい加減あの戦争を乗り越えなければいけない時期ではないか、と。

この訪問を境に都城では、旧領主としてではなく久家個人への尊敬の念が、人々の胸の内に芽生えてゆく。都城士族の真の意味での再結束を願った彼の思いが通じた結果である。

第十章　ふたたび海を渡る

日露戦争は近代日本が祖国防衛の名のもとにヨーロッパの大国に挑んだ、乾坤一擲の戦いとして有名であるが、この戦いを旧薩摩領から眺めてみると別の風景が浮かんでくる。

結論を先に記せば、日露戦争は維新の御親兵から続く、薩摩閥の最終到達地点となった。

日露戦争を指揮した将官たちの名前と、出身藩をあげてみよう。

○陸軍

陸軍大臣・寺内正毅《まさたけ》（長州）、参謀総長・大山巌（薩摩）、参謀次長・児玉源太郎（長州）

第一軍司令官・黒木為楨《ためもと》（薩摩）、参謀長・藤井茂太（福本）

第二軍司令官・奥 保鞏《やすかた》（小倉）、参謀長・落合豊三郎（松江）

第三軍司令官・乃木希典（長州）、参謀長・伊地知《いじち》幸介（薩摩）
第四軍司令官・野津《のづ》道貫《みちつら》（薩摩）、参謀長・上原勇作（薩摩）

○海軍

海軍大臣・山本権兵衛（薩摩）、軍令部長・伊東祐亨《すけゆき》（薩摩）
連合艦隊司令長官・東郷平八郎《とうごうへいはちろう》（薩摩）
第一艦隊司令長官・東郷平八郎（薩摩）、参謀長・島村速雄（土佐）
第二艦隊司令長官・上村彦之丞（薩摩）、参謀長・加藤友三郎《ともさぶろう》（広島）
第三艦隊司令長官・片岡七郎（薩摩）、参謀長・中村静嘉《やすよし》（加賀）

＊（　）内は出身藩、なお長州・薩摩は支藩も本藩へ繰り入れた。
陸軍の編成は、明治三十七年六月三十日以降のもの。

旧薩摩藩出身者の顔がずらりと並んでいる。この、維新の争乱の中を生き残った強者たちが陸に海に連動して戦闘行動を行なったことが日露戦争の勝利に繋がったといっても、けっして大げさではない。

昭和に入ると熾烈《しれつ》な縄張り争いをする日本陸軍と海軍だが、この時代、両者が協調して戦争を遂行できたのも、双方のつなぎ目として旧薩摩藩出身者の果たした役割が大きい。

さらにもう一ついえば、当時の世界で最も巨大な軍事国家の一つといわれていたロシア相手に日本が勝てたのは、戦闘の要所要所で、薩摩流「勝利の方程式」――非合理な武力行動と合理的な論議を積み重ねて国益を導き出す――が機能したおかげであるといえる。

そのことに触れる前に、この本の主役である都城島津家の人々について、まず述べておきたい。というのも、ここにもこれまで語られることのなかった「もう一つの日露戦争」の姿が如実に表われているからでもある。

明治三十七年四月、島津家当主・久家は留学中のフランスから帰国した。

その直後に久家は近衛歩兵第二連隊付へと配置転換され、少尉から中尉へと進む。新しく所属することになった部隊は第一軍に属し、すでに満洲へ向けて出発していたので、久家は補給人員として出征の日を待つことになった。

実は留学前まで所属していた三十三連隊は久家の帰国後に日本を発《た》っている。もしも配置転換がなければ、彼は出撃に間に合っていたことになる。

この配置転換は偶然なのだろうか。恐らくそうではないだろう。この時期には、都城島津家と親しい旧薩摩藩士の野津道貫や御相談人の上原勇作がまだ日本に残っていた。久家の出征をなるべく先送りにしようとする、彼らの意図が透けて見える。

久家は身辺整理のためしばしの猶予期間を与えられた。

このような場合、大名華族の家では御相談人と遺言や跡目相続について話し合うのが一般的だ。ところが、都城島津家の御相談人たちは話し合いではなく、思いがけない行動に出る。なんと、久家の新居を探しだしたのだ。

いったいなぜ、これから出征する久家に新居が必要なのだろうか。帰国したのち、ゆっくりと選ぶべきではないだろうか。だが、御相談人らの考え方は違っていた。

久家が戦死して遺体が帰って来たときに、借家から葬式を出すというのでは都城島津家の末代までの恥になる、というのが彼らの言い分だ。出征という言葉から、いきなりお葬式の体面へと想像が飛躍してしまうのが、いかにも彼ららしい気の回し方である。

御相談人たちは東京中を探しまわり、牛込区加賀町（現在の新宿区市谷加賀町）の閑静な住宅街に佇む敷地二千坪の御屋敷に目星をつけた。高台に建つ御屋敷の下には、陸軍士官学校がある。

懐かしい母校を見下ろす場所から最期の旅路に向かうのだからさぞかし久家自身も満足だろう、と御相談人たちは想像した。久家のお葬式に参加する陸軍関係者もここなら道に迷うことはない。広い敷地ゆえに馬車や人力車が何十台押し寄せても駐車場も万全だ。いつの間にか御相談人や家職たちの頭の中には、厳粛な雰囲気の中にも盛大なご葬儀の一部始終が浮かんでいた。

出征の決定と同時に葬式のことを考える、この都城の御相談人たちはいかにも万事疎漏のない知恵者揃いであるかのように思ってしまうが、実はそうでもない。

そのことが分かったのは七月に入り、上原勇作が出征することになった時である。即座に上原は都城島津家と連絡を取り、久家の跡目をどうするつもりなのかと尋ねた。新居探しに夢中になっていた御相談人たちは、肝心の点を詰めていないという。上原も御相談人の一人であったが、なにせ軍務が忙しく、他の御相談人たちが跡目の決定よりも新居探しを優先させていることを知らなかった。

なんということだろうか、久家公にもしものことがあれば都城島津家の跡目はどうなる、これでは自分は安心して出撃できない。上原は出発前の貴重な時間を割いて、都城事務所や旧家臣団らと連絡を取りあい、久家の跡目を実弟・北郷吉雄と決定させる。几帳面《きちょうめん》なところのある上原は、念には念を入れておきたかったのだろう、都城島津家の家職を広島県宇品《うじな》港へわざわざ呼びよせ、久家の跡目の件を確認している。

上原は第四軍の参謀長という立場にあり、帝国陸軍幹部として国家の存亡を懸けた戦いに全身全霊で打ち込んでいたが、その一方で久家の出征を遅らせるために配置転換を行なったり、戦地へ出発する間際まで都城島津家の跡目を気遣ったりと、国家的な見地からすれば瑣末な事がらに心を砕いているさまに驚かされる。

私たちからすれば大いなる矛盾と映るが、御本人にはそのような意識はさらさらない。上原の内部には近代国家の軍人としての自分と、都城島津家旧臣として自分が、公私の壁を隔てることなくすんなりと融合していたので、何の後ろめたさも感じないのだ。

上原にとって都城島津家の行く末は、国家のそれと同じ重さを持っている。跡目の件をじかに確認して、今度こそ安堵した上原は思い残すことなく戦地へと旅立っていった。それから約二ヶ月後、久家にも出征命令が下る。

九月十八日午前五時前、宇品港。あたりが明るくなるにつれて、瀬戸内海に浮かぶ島々の姿がはっきりとしてきた。日清戦争から第二次世界大戦まで、宇品港は兵士や軍事物資の運搬を取り扱う軍港であった。波止場には手に手に日章旗を握りしめた人々が繰り出し、まるで縁日のような賑わいを見せていた。

久家の父・北郷久政、御相談人の代表、家職などの都城島津家一行は人波を縫い、おびただしい数のカーキ色の軍服の群れの中から、久家の姿を探し出そうと必死だった。しかしなかなか見つからない。

明治以前の合戦では、都城島津家の当主はさらにひときわ華やかな武装に身を固め、陣幕の内に座して家臣たちに命令を下していた。だが今の久家は、まるで逆だ。陸軍は戦略上の理由から、将校と下士官以下との間にわざと目立った服装の差を作らなかった。久家は蟻の群れの中の一匹に過ぎない。上官の命令一つで敵陣へ飛び込んで行く身の上と頭の中では理解していたものの、いまさらながらに久家の立場を実感させられた。

同時刻、都城の屋敷には国旗と祝勝旗が高々と掲げられ、旧臣たちが久家の初陣《ういじん》を祝うために駆けつけていた。

都城島津家の当主が戦争のため外地へ赴くのは、秀吉による文禄《ぶんろく》・慶長《けいちょう》の役《えき》に従い第十一代当主・忠虎《ただとら》が朝鮮へ渡って以来、実に三百十二年ぶりのことである。

当時、国際貿易港・内之浦を領有していた都城島津家は内心では朝鮮出兵に反対だったが、石田三成にせっつかれてしかたなく出陣する。嫌々お付き合いで出征したものの、一度戦場に立ってしまえば薩摩武士の血が騒ぎ出す。忠虎は各地で大奮戦した。しかし物資が十分でないなか無理を重ねたことで病を得て、朝鮮の地で亡くなってしまう。それゆえ、都城島津家の菩提寺・龍峯寺に祀られた忠虎の墓には遺骨が納められていない。

悲劇が再び繰り返される懸念があった。

それにしても、旧臣たちのなかで久家の無事を祈る者は誰一人いないことには驚かされる。武士にとっていかに死ぬかは、いかに生きるかと同じこと。彼らは一兵士として出征する久家に、武士の王国・都城の旧領主にふさわしい死にざまを期待していた。

「大日本帝国万歳！」、「大日本帝国万歳！」

日章旗が打ち振られる波止場から、兵士たちを満載した船がゆっくりと離れてゆく。遠ざかる船に向かい、都城島津家一行も声を嗄らして万歳を叫ぶ。同じ頃、都城の屋敷では旧臣たちが神前で手を合わせ、久家の武運長久《ぶうんちようきゆう》を祈っていた。かくしてお殿様の初陣をめぐり、都城島津家主従の日露戦争が始まった。


さて、ここで今度は、日露戦争をミクロではなく、マクロの視点から見ていくことにしたい。

すでに述べたように、この戦争を指揮したのは薩摩や長州などの「維新の生き残り」たちであった。彼らは若い時期に戦火をくぐり抜け、「戦争とは何か」を身をもって知っている連中である。つまり、彼らは戦争に関して徹底した「リアリスト」だった。

この、彼らの考え方を分かりやすく説明すればこうなる。

すなわち「戦争に勝つ」ということは、外交戦で勝利するということ。せっかく戦闘で勝利しても外交戦に負けてしまえば、試合に勝って勝負に負けるようなことになりかねない。その反対に、薩英戦争の項でみたように、一見戦争に負けているようでいて、和平交渉の如何《いかん》によっては戦闘行為で勝利した以上の戦果を挙げることができる。

　日露戦争時の政府首脳が、開戦前から講和への下準備を行なっていたことは司馬遼太郎氏などの著作でつとに有名だが、このようなリアリズムは元老たちにとっては当たり前のことであった。戦争は始まったら、いずれは終わらせなくてはいけない。だとしたら、始まる前から終わりの準備をするのは当然ではないか。

　当時の政治家はその多くが武士出身者で構成されており、政治家であるとともに軍人の側面を兼ね備えていた。

　ことに現役閣僚の上に君臨していた元老の伊藤博文、山縣有朋、松方正義、井上馨などは、若き日に下級武士として戦場の修羅場をくぐった猛者《もさ》たちだ。明治天皇ですら、幕末の京都で騒乱を身近に聞いた。

　戦闘が呼び起こす人間の本性の得体のしれない残忍さを、政治家たちが身をもって知っているか否か。政治家の経験値の差が戦争に及ぼす影響は甚大で、日露戦争と第二次世界大戦との政治指導力の違いは、このあたりにあるのだろう。それでは、彼らのお手並みのほどを拝見することにしよう。

　薩摩人たちのＤＮＡに刻み込まれた中世的武士道精神はひとり外交交渉のみならず、実戦においても発揮された。

その中でも最も有名なものは、かのバルチック艦隊との日本海海戦である。薩摩藩出身の連合艦隊司令長官・東郷平八郎は、戦争のクライマックスにおいて「これぞ薩摩武士！」という、芸術的な戦術を披露し、世界の海軍関係者を驚かせたのであった。

明治三十八（一九〇五）年五月二十七日午後一時五十五分、沖の島付近。

連合艦隊旗艦・三笠のマストに国際信号旗・Z旗——長方形の旗を二本の対角線で四区画に分け、上から時計回りに黄、青、赤、黒色に塗り分けられている——が翻った。

国際信号旗は船舶同士や船舶と陸上との間の交信に用いる万国共通の旗で、各々にアルファベットや数字などの意味があり、その使い方は国際信号書で定められている。それによればZ旗の意味するところはアルファベットの「Z」や「タグボートを求む」などであるが、それとは別に日本海軍では独自に特別な意味を持たせていた。

「皇国の興廃この一戦にあり、各員一層奮励《ふんれい》努力せよ」である。

皇国の興廃この一戦にあり、とは日本海海戦を象徴する言葉であると同時に、日露戦争全体のそれでもあった。

前方から世界最強といわれたバルチック艦隊がせまってきた。これに対して連合艦隊も前進を続ける。両者の距離はどんどんと近づく。このままでは戦闘態勢が整えられないまま、敵と衝突してしまう。敵の右側に回り込むか、それとも左側に回り込むべきか、旗艦三笠砲術長・安保《あぼ》清種《きよかず》はジリジリしながら東郷平八郎の命令を待った。

二時五分、両者の距離はついに八千メートルまで縮まった。

その時、東郷の右手が上がり、左側へ大きく半円を描く。彼の横顔は確信をもって微動だにしない。参謀長・加藤友三郎は大きく息を吸い込み、そして叫んだ。

「取り舵、いっぱいーっ！」

旗艦三笠は艦首を左へ向け、敵前で船体の腹をみせながら回頭し始めた。これに引き続き日本側の戦艦は、一つまた一つと次々に回頭した。この敵前大回頭はT字戦法と呼ばれる作戦を基本とし、正確にはそれをやや変化したものだという。T字戦法を連合艦隊が使用するのは、これが初めてではない。前年の八月すでに黄海海戦でも試み失敗している。その折の経験から、彼らはこの作戦が失敗すれば危険なことを十二分に学んでいた。それをもう一度、しかもよりによって天下分け目のこの戦いで繰り返すというのだから、勇気がいる。

すべての艦隊が回頭を終えるまでの約十分間、日本側は静止したまま動けず、敵の砲弾にさらされ全滅の恐れがあった。いわば一か八かの賭けのような捨て身の作戦だった。実際、旗艦三笠はこの約十分間にロシア側の集中砲火を浴びたが、奇跡的に致命傷を逃れていた。そしてすべての艦隊が回頭を終えると、日本側の鮮やかな反撃が始まった。

東郷が行なった敵前大回頭は、関ヶ原の戦いで徳川方に四方を囲まれた島津義弘が敵中を突破して退いた作戦と、本質的にとても似通っている。

どちらも「常識外れ」な選択肢だが、非合理であるがゆえに、勝利の女神が微笑むこともある。万事無難な優等生的戦術よりも、誰も予測のできない破天荒なことをやったほうが窮地を脱することもある。

そのことを知り尽くしたうえでの大胆不敵さ。

連合艦隊が攻撃を開始してから三十分ほどで、バルチック艦隊側は大混乱に陥る。日本海海戦は連合艦隊の圧倒的な勝利で終わった。

このようにかいつまんで日露戦争の流れを眺めてみると、大日本帝国勝利への道筋が、薩摩の勝利の方程式――非合理な武力行動と合理的な議論を積み重ねて国益を導き出す――と重なっていることが分かる。日露戦争は西郷下野ののちも軍部に留まった薩摩勢力が、最後の力を振り絞って咲かせた大輪の花といえた。

ところで、肝心の久家の戦いぶりは、どのようなものであったのだろうか。

久家は近衛歩兵第二連隊に属していた。近衛兵といえば天皇を警護するお飾り用の部隊というイメージが強いが、戦時ともなればどこの部隊よりも勇敢に戦った。儀式に花を添えるための兵士ではなく、天皇直属の精鋭部隊と考えるべきだろう。そのなかにあって、久家の任務も危険なものが多い。明治三十七年秋に立ち戻り、お殿様の奮戦ぶりを見てみよう。

九月二十日、中国・遼陽《りょうよう》。

久家が配属されたのは、大尉・寺内寿一《ひさいち》率いる第一軍の近衛歩兵第二連隊第七中隊である。上官の寺内寿一は、当時の陸軍大臣でのちに総理大臣になる寺内正毅の長男。父親の正毅は長州藩の出身であったが、薩摩藩出身の大山巌の引き立てを受けていた。また上原勇作がフランスに留学中に、正毅がフランス公使館付武官であったことから両者は親しい間柄にあり、その縁で都城島津家とも交流を持っている。

これら一連の事柄と今回の配属がどの程度関係しているのかは不明であるが、単なる偶然にしては、できすぎた話だ。薩摩閥と寺内陸相の影が見え隠れする人事である。

寿一は士官学校の二期上の先輩であったが、実年齢は久家のほうが二歳上だった。彼も父親と同様に、のちに陸軍元帥となり第二次世界大戦時には南方軍総司令官として指揮にあたり、戦後勾留されたシンガポールで病死する。

未来の陸軍元帥閣下の下で、陸軍中尉・島津久家の野営生活が始まった。

久家の到着する一ヶ月ほど前、遼陽会戦と呼ばれる大規模な戦闘が行なわれ、ロシア軍が総退去したため日本軍は遼陽を占領していた。たった一週間の間に、日本軍十三万人のうち約二万三千人が死傷、ロシア軍約二十二万のうち約二万人が死傷という激戦だった。

早速、久家は遼陽会戦最大の激戦地・首山堡《しゅざんぽ》を見学し、その折に見た光景を両親・北郷久政夫妻へ送った手紙の中に認《したた》めている。

それによれば、路傍に葬られたロシア軍兵士の墓は盛り土が浅かったのだろう、風雨にさらされて遺骸が土からはみ出し、あたりには堪えがたい臭気が漂っていたという。それとは対照的に、日本軍兵士の墓は墓標もきちんと立てられて立派だった。

手紙の中で久家はしきりと日本軍の優秀さを述べているが、彼の心を揺さぶっていたのは憐れなロシア軍兵士の遺骸ではなく、むしろ満洲の荒野に整然と並ぶ日本軍兵士の墓標の列の見事さだろう。自分もまたこの墓標の一つとなるのか——士官学校では教えてくれない戦争の現実がそこにあった。

実際、遼陽を占領した日本軍はまったく浮かれていなかった。

それもそのはず、本来であれば日本軍は敗走するロシア軍を追い詰め、一気に敵の主力部隊を壊滅するべきだったが、それができなかった。原因は兵力と弾丸の不足だ。

当時日本陸軍は旅順攻略に苦慮していた乃木希典率いる第三軍と、満洲に展開していたそれ以外の軍との二手に分かれていた。旅順を落とすことは黄海の制海権を手に入れるための最優先の課題、日本から新たに送られてくる兵士や武器・弾丸は真っ先に第三軍へと回された。

つまり見方を変えれば、久家ら満洲に駐留する部隊は、兵力、武器・弾丸が不足した状態で荒野に放り出された格好となる。浮かれるどころか、むしろきわめて危険な状況だった。

日本軍の苦境は、すぐにロシア軍司令官クロパトキン大将の知るところとなった。

十月四日、ロシア軍は奉天から遼陽付近へと南下を開始。これに対して日本軍は先制攻撃を行なうことに決する。

沙河《さか》会戦の始まりである。

十月九日、中国・沙河。

久家の日露戦争における戦功を記した『勲績現認書』（寺内寿一署名・印）によれば、彼の初陣を飾る任務は「交通」整理だった。

第一軍は突出していた梅沢旅団を後退させ、戦線内部に取り込もうとした。ところがロシア軍は日本軍の戦線を乱す絶好の機会とばかりに、梅沢旅団に猛攻撃を仕掛けてきた。慌てた第一軍司令部は救援部隊を送り込む。そのうちの一つが閑院宮載仁《かんいんのみやことひと》親王率いる騎兵第二旅団であった。

久家の所属していた中隊は、この騎兵第二旅団の前哨と連絡を取り合い、彼らの交通の便を図る役目を担う。交通整理とはいえ敵の目前で活動しなければならないので、ロシア軍の標的となる可能性がひじょうに高い。

案の定、道路で警戒にあたる久家らはロシア軍の襲撃を受けた。

〈敵来襲のため戦闘は夜に入り、ついに敵と相対し夜を徹するに至る。あたりが暗く近くのものでも見分けがつかない状況で敵情を偵察するのはすこぶる困難であったが、（島津久家中尉は）捜索警戒につとめ中隊の任務を完遂させた。翌朝払暁《ふつぎよう》に歪桃山を襲撃占領し、終日同高地の守備陣地構成の任務に就いた。その勲功は顕著である〉（著者意訳）

銃声、硝煙の匂い、兵士たちの足音、断末魔の叫び声、血の匂い……、久家の身のこなしが急に生き生きとし始めた。戦場特有の空気に包まれ、彼の内部に眠っていた野性の血が覚醒したのだ。

久家は士官学校受験に何度も失敗し、最後には年齢をごまかして滑り込み合格を果たしていた。当然のことながら、卒業時の成績も六百五十五人中三百八十五番とあまりぱっとしない。だが、ひとたび戦場に出てしまえば先祖から受け継いだ血が騒ぎ出し、彼の動きは伸びやかに自由になってゆく。

その後も戦闘は連日続いた。

〈同十二日、（島津久家中尉は）綿花堡子の北方高地攻撃に参加し馬耳山に進出した。同十三日、尖山より背進する先進部隊の収容援護を行なう。同十四日支隊が金鐘山の攻撃に移ると、わが中隊は靠山屯西南方高地の敵を駆逐し、同高地を占領して主力の右側からの援護を命じられた。その際、（島津久家中尉は）中隊長を補佐し任務を遂行した。そ

の勲功は顕著である〉(著者意訳)

久家は寺内らとともに野山を駆け巡り、後退してくる味方を援護しつつ、敵陣に攻撃を繰り返した。戦いが熟してゆくと、戦場には勝敗を左右する独特な風が吹き出す。久家はその風向きを肌で感じ取っていた。

十月十七日、両軍の戦闘が止んだ。

沙河会戦は日本軍約十二万人のうち死傷者約二万人、ロシア軍約二十二万人のうち死傷者行方不明者合わせて約四万人の犠牲者を出す。その結果、ロシア軍は奉天に引き上げ日本軍は沙河左岸近くまで進出。

形の上では日本軍が勝利した。

しかし遼陽会戦に引き続いて、日本軍はロシア軍を追撃することはできなかった。戦況を冷静に判断すれば、日本軍は敵の攻撃をかわすだけで精一杯、ロシア軍は余力を残したまま一度兵を引いた、というのが実際のところだろう。

沙河会戦が終わると、満洲の広野には厳しい冬が訪れた。

日露両軍三十五万人は沙河を挟んで対峙したまま動かなかった。というよりも、寒さのために動けなかった。両軍とも戦争を棚上げして、満洲荒野で冬将軍を迎え撃つのに忙しい。久家も小隊を率いて防寒施設の設営に駆り出され、凍てつく大地を掘り起こした。

やがて本格的な冬が訪れると、満洲の大地は雪と氷の支配する世界となる。

夜ともなると凍結した河の上に星々が輝き、どこからともなく犬の群れの遠吠えが聞こえた。平均気温は零下二十度、昼間でも防寒具の隙間から外気が頬をなでると、まるで電気に触れたかのように痛い。あらゆる食糧が氷の塊と化し、煮炊きをしなければ歯が立たない。南国育ちの久家には恐らく耐えがたい気象であったと推測されるが、家職への手紙の中では軍隊から支給された防寒着にくるまり、食糧も十分にあるので安心するようにと繰り返している。

だが、久家の言葉を無視して、家職たちはさまざまな品物を驚くほど大量に現地へ送りつけた。一人分ではなく大量というのは、周囲の兵士の分まで考慮して送ったのだろう。現地には一般兵士の家からの物資が届きにくいのだが、都城島津家の荷物だけはなぜか短期間で久家の手元へ届いている。

実はこれにはからくりがあった。明治三十七年九月戊日《いぬのひ》付の北郷久政宛て上原勇作書簡にその秘密が記されている。

この手紙によれば正規のルートで久家宛てに荷物を送ると時期によっては大幅に遅れることがある、もしもお急ぎの場合には上原の自宅へ送ってくれれば便宜を図る、とある。要するに、都城島津家→東京の上原家→第四軍の上原→第一軍の久家、というルートを使って久家公にお荷物をお届けいたします、というのだ。

戦場でも、上原は相変わらず都城島津家の旧家臣としての立場を忘れていなかった。軍務上、彼は一軍の司令官・黒木為楨と連絡を取り合っていたが、そのような折に久家の情報を収集し、都城島津家へと伝えている。このことから、旧薩摩藩士である黒木もまたさらに久家のことを気にかけて、その生活状態をきちんと把握していたことが分かる。

久家は寺内寿一と同じ洞窟で共同生活をしていた。どうやら寺内は上官でありながら、久家のお世話係という役目をも担っていたようだ。陸軍大臣の息子である寿一をお付きにしてしまうのだから、いかに黒木が久家に気を遣っていたのかがしのばれる。

しかし長州閥の寺内親子の方でも、島津という特殊な名字を持つ駒を抑えておくのは、将来のためにけっして損ではない。双方が得をする人事なのだろう。

ところで話は日本海海戦の前に遡るが、明治三十八（一九〇五）年一月、日露戦争の行方を左右する大きな出来事が立て続けに二つ起こっている。一つ目は旅順のロシア軍降伏、二つ目は血の日曜日事件である。

まず一つ目の旅順のロシア軍降伏から見てゆこう。

東京帝国大学医学部のお雇い教師として招聘《しょうへい》され、当時は宮内省の侍医であったドイツ人医師エルウィン・ベルツの記した『ベルツの日記』によれば、日露開戦以降新聞などで日本側の勝利が伝えられても、国民の喜びの表わし方はきわめて控えめであったという。日記の中で彼は、提灯行列があっても人々は静かに行進するだけで浮かれて騒ぎ出すような者はいない、と繰り返し感心している。

だが、そのように自制された人々のエネルギーは旅順陥落を機に爆発する。

〈東京はもちろん、旅順陥落の慶びで大騒ぎだ。夜、全市にイルミネーションが施された。銀座は壮観を呈している。趣向をこらして飾り立てられた電車は、まるで妖精のようだ〉（『ベルツの日記』菅沼竜太郎訳）

旅順陥落により日本軍は黄海の制海権を手に入れ、これが後の日本海海戦の戦捷に繋がる。

とはいえ、この旅順陥落は前年の七月末から後方支援も含めて約十三万人が投入され、そのうち約六万が死傷するという途方もない犠牲を払ったうえの勝利であった。とりわけ、旅順攻略の要となった二〇三高地をめぐる戦いは熾烈《しれつ》をきわめ、第三回旅順総攻撃戦では十日ほどの間に、六万四千人の戦闘員のうち、死者は五千五十二人、戦傷者は一万六千九百三十五人に達した。

二つ目の、血の日曜日事件は一月二十二日、ロシアの首都・ペテルブルクで起きる。

この日、司教・ガポンが率いる約十五万人の市民や労働者は、皇帝に生活苦を訴えるため冬宮へ向けてデモ行進を始めた。彼らの列が冬宮前広場まで進むと、軍は彼らに一斉射撃を加え多くの死傷者を出した。これを契機に労働者の間でストライキが広まり、政治体制への不満がロシア全土を覆ってゆく。戦争中に物流をストップさせるストライキが起きたのだから、ロシア軍にとっては大変な痛手だ。

この事件直後の一月二十五日、ベルツは伊藤博文のもとに診察に出かけている。

〈午後、伊藤侯爵のもと。侯は、いささか気分が勝《すぐ》れないのである。飲酒と喫煙を少し控えて以来、侯は確かに、一段と健康に見える。毎度のことながら驚かざるを得ないのは、侯があんな生活振りでいて、かくしゃくたることだ。侯とはもちろん、ロシアの現状についても語った。（筆者註・ロシア）国内の不穏は、いずれにせよ日本にとって有利であると、自分が述べたのに対して、侯のいわく「なるほど、そのとおりだが、しかし本式の革命はありがたくない。そうなると、講和談判の際に、誰を信頼してよいのかわからなくなるからだ。要は、軍隊が忠誠を守るかどうかにある」と〉（同上）

国家崩壊のエネルギーが渦巻く東アジアへ直に手を突っ込んだロシアは、東アジアの地熱に感応し、図らずも自国中央部の溶解を招いてしまう。ここから帝政ロシアは一気に崩壊へと向かってゆく。このような事態に明石《あかし》元二郎《もとじろう》大佐の行なったとされる諜報活動、いわゆる「明石工作」がなにがしかの役目を果たしたと考えるのも、歴史の面白さだろう。

もしも帝政ロシアに革命が起これば、たちまちその地熱はヨーロッパへと伝導する。帝政や王政を布《し》く西洋諸国にとっては、伊藤以上に本式の革命はありがたくない。ついに西洋諸国の外交筋がうごめき出した。

各国は自国のアジア戦略に有利な方向へ和平交渉を導こうと、水面下で盛んに駆け引きを繰り返す。なかでも、ロシアと同盟関係にあったフランスと、日本から調停の依頼を受けていたアメリカの動向が注目された。

開戦前からすでに講和への道筋を模索していた日本はこれらの動きを歓迎したが、肝心のロシアの反応はごく薄いものだった。

日本のようなアジアの小国に敗北を喫すれば、ロシア政府の国際的な信用が失墜するだけでなく、ロシア国内の求心力もまた急速に失われてしまう。陸軍も海軍も主力部隊を温存しているので戦争はむしろこれからが本番だ、というのがロシアの言い分だった。和平交渉が進まないことが分かると、日本の満洲軍総司令部は次の目標を奉天攻略に置く。

戦闘時期は恐らく春先になるだろうと思われていた。というのも、氷が溶けだすと河も渡れなくなるし、土もぬかるむので行軍には向かないが、されど真冬の間は戦闘など不可能。つまり春先前が絶好の時期というのが日本人の常識だった。

しかし寒さに強いロシア人の常識はまったく違っていた。地吹雪が雪を上へ上へと舞いあげるなか、彼らはこともなげに兵をあげた。一月二十五日、ロシア軍は黒溝台《こっこうだい》付近を襲撃。続いて、沈旦堡をも包囲した。結局、日本軍がロシア軍を追い払う形で戦闘は終わったが、総司令部の受けた衝撃は大きかった。

総司令部は奉天攻略の作戦時期を前倒しすることになった。

折から、遼陽には旅順を陥落させた第三軍が到着し、開戦から初めて全軍が一堂に会していた。日本軍約二十五万人に対して、ロシア軍の人数は史料により異なり約三十万から三十五万の間と推測される。いずれにせよロシア軍が優勢なことは確かだ。

二月二十二日、ついに日本軍が行動を起こした。

史上最大の会戦の幕明けである。戦いの直前、久家は第一軍所属の近衛歩兵第二連隊第七中隊から第八中隊へと異動した。沙河会戦同様、彼は最前線で戦闘に参加することになる。

二月二十四日、奉天。

久家の戦功を記した『武功明細書』（岡孫六署名・印）や『勲績明細書』（松田祐作署名・印）によれば、久家の属する大隊は敵へ夜襲をかけて陣地を確保した。その後久家率いる小隊は大隊の最前線に出て、陣地の防御工事を行なったという。
〈島津久家中尉は小隊を指揮し徹夜で防御工事を施した。ことに払暁《ふつぎょう》前、敵より激しく逆襲され危険な状況であったが、率先勇悍《そっせんゆうかん》に行動して部下を鼓舞督励《こぶとくれい》し防御工事を完成させた。これにより中隊の陣地占領がすこぶる有利となった〉（『武功明細書』著者意訳）

翌日、再びロシア軍が第八中隊正面から逆襲してきた。久家は部下とともに抗戦して、敵を撃退していた。残された奉天会戦の写真を眺めると、どれもみな画面一杯にもうもうと砂ぼこりが舞っている。久家もまた、砂ぼこりと硝煙の間を縫って戦っていたのだろう。

三月七日、久家の所属する第八中隊は、連隊長の命により瓦房《がぼう》付近の敵情を視察した。この時久家は斥候に向かい、敵がすでに周辺から撤退したことを見届け、報告を行なっている。

後から考えると、久家のもたらした情報はきわめて重要なものだった。ロシアのクロパトキン総司令官は全軍に撤退を指示、この日の夜にはロシア軍は全線で退却を始めている。久家が見たのはロシア軍退却のごく初期段階のものであったわけだ。

だが、ここでロシア軍の総退却を許しては、今までの二の舞になる。日本の満洲軍総司令部は全軍に向けて追撃命令を出した。

三月九日、昼前から満洲の光景は一変する。

寒さのゆるんだ大地に強風が吹き荒れ、砂嵐を起こした。息苦しいほどの砂塵が舞うなか、日本軍はロシア軍を死に物狂いで追いかけた。約二週間に及ぶ戦闘で兵士の体力は限界にあり、そのうえ弾薬も不足気味であった。それでも日本軍は追撃を止めない。これを逃せば後がない、切羽詰まった気持ちが彼らを突き動かす。

久家も部下を率いて敵を追撃していた。

かつて陸軍士官学校受験の際、久家の吃音症が問題となったことがある。戦場で指揮官の命令が聞き取れないと、部隊にとっては致命的なことになるからだ。砂嵐のなかで今、陸軍中尉・島津久家の声が響き渡る。

「前進！」

「撃て！」

久家の指示は短くそれでいて的確だ。その声に従い、配下の兵士は右へ左へと一糸乱れぬ動きを見せた。目と言わず鼻と言わず砂が入り込むが、久家らはひたすら前進を続ける。

この日の深夜から翌日の未明にかけて、奉天駅からロシア軍の兵士を満載した列車が次々と出発したが、日本軍にはこれを阻む力はなかった。皮肉なことに、ロシア軍は大量の武器・弾薬を遺棄したまま逃げ去った。武器・弾薬の不足に悩み続けた日本軍には理解しがたい光景だった。

三月十日午後、久家らはいまだにロシア軍を追撃していた。すでにクロパトキン率いるロシア軍本隊は奉天を去っていたので、久家たちが追っていたのは味方から捨てられた兵士たちだ。ロシア兵の中には最後まで気力を振り絞り戦う者もいたが、投降する者も後を絶たない。夕暮れがせまると、気力だけで動いていた日本兵も追撃を止めた。

午後九時、日本軍が勝利を宣言し奉天会戦は終結した。

死傷者は日本軍約七万人、ロシア軍約九万人、ロシア人捕虜は約二万人にも及ぶ。この時、日本軍の捕虜の扱いは国際法に則り礼をもって行なわれた。

三月十五日、満洲軍総司令官・大山巌は配下を従え、馬に乗って奉天へと入城する。

奉天市民は日の丸を掲げて日本軍を迎えた。

奉天は現在瀋陽《しんよう》という名前で呼ばれている。清朝の国都として栄え、北京遷都後には奉天と称し陪都（国都の他に設けられた都）として発展した。この地域に進出したロシア人は城壁に囲まれた奉天城の外に洋館の立ち並ぶ西洋風な街並みを作り上げた。壁を隔てて東洋と西洋が共存する空間は一種独特な雰囲気を醸し出している。このエキゾチックな都市に入城する日本人将校の馬の列の中には、久家の姿もあった。

五月二十七日、連合艦隊がロシアのバルチック艦隊を撃破すると、日本は陸海両面での勝利を手にし、日露両国はアメリカ大統領セオドア・ルーズベルトの斡旋により、アメリカのポーツマスで講和会議に臨む。

かくして幕を閉じた日露戦争だが、その歴史的な意味はさまざまあるといわれている。まず整理すると、日露両国にとってこの戦争は、朝鮮半島の支配権を巡る衝突であった。また、この戦争に間接的にかかわったイギリス、フランス、アメリカ、ドイツなどの国家にとっては、東アジア戦略の主導権をめぐる水面下の争いであった。もちろん、当事者の朝鮮や戦場となった清国からすれば、日露両国の行為は侵略以外の何物でもない。

ところがまったく異なる視点でこの戦争の結果を見詰める人々もいた。西洋諸国の植民地の人々である。彼らにとって日露戦争は有色人種の国家が白色人種の国家を破った戦いであった。日露戦争をひとつのきっかけとして、西洋諸国の植民地では次々と民族運動の狼煙があがってゆく。

ドイツ人医師ベルツも日露戦争を世界歴史の大転換点と見る一人だ。

彼は明治九（一八七六）年から明治三十八（一九〇五）年まで二十九年にもわたる長期の日本滞在を終えて、日本人の妻・ハナとともに帰国の途に就き、ザルツブルクで日露講和の知らせを聞いた。

〈かくてまたもや世界歴史の一ページが――それも、現在ではほとんど見透しのつかない広大な影響を有する一ページが――完結されたのである。今や日本は陸に、海に、一等国として認められた。われわれが東アジアにおいて、徐々ではあるが間断なく発展するのを観たその現象が、今や近世史の完全な新作として、世界の注視の的となっている――アジアは世界の舞台に登場した。そしてこのアジアは、ヨーロッパ諸国の政策に、従ってわれわれの祖国の政策にもまた、共通の重大な影響を及ぼし得るのであり、また及ぼすはずだ。ヨーロッパだけの政策は、もはや存在しない。世界政策があるのみだ。東アジアの出来事は、もはや局部的な意義をもつものではなく、今日ではわれわれにとって極度に重要な関心事である。これらすべての意義を、世人はいまだに気づかないが、しかし時がこれを教えるだろう〉(『ベルツの日記』)

日露戦争を境に日本の陸海軍は大きく変容してゆく。

その後も薩摩閥は存在していたが以前のような勢いはなく、減退の一途をたどった。また、この戦いを潮時として維新の生き残りたちも軍部から去ってゆく。

後を託されたのは、陸軍士官学校や海軍兵学校の出身者で構成された軍事エリートの集団だ。試みに、日露戦争時と第二次世界大戦時との軍上層部を比べれば、後者のほうが圧倒的に頭脳明晰だし、軍事上の最新知識も身につけている。理屈の上からすれば後者の采配ぶりのほうがより優れていなければならない。ところが現実は逆、これは一体どうしたことだろう。

日露戦争の勝利により、自らの実力に自信を深めた日本陸軍では皇軍特有の兵学、いわゆる「日本式兵学（戦法）」が形成され、頭でっかちな精神主義へと傾いてゆく。その下敷きとなったのが近世武士道だ。

内村や新渡戸が欧米人に向けて褒めちぎった「武士道」（近世武士道）とは、儒教や禅に基づく倫理観を土台とした、高度な倫理体系ではあったが、しょせん平和な江戸時代に醸成された行動原理である。

戦乱の世を背景に形成された中世武士道と、平和な社会を前提とした近世武士道では拠って立つ足場そのものが異なる。昨日と今日、今日と明日が連続した平和な社会であればこそ、近世武士道は輝くのだ。それゆえ現在でも「ビジネス戦士」たちが、グローバルな「経済戦争」を生き抜くための指針として役立つ。

しかし、国家が生き残るために人が人を殺すことを是とする戦場において、近世武士道は残念ながらその良さを発揮できない。戦場で求められる優れた将校とは冷徹なまでのリアリストであり、高邁な精神を備えた人物ではないからだ。主君に対する忠誠心だけでは、戦争には勝てないのだ。

これは仮定の話だが、薩摩藩出身の大山巌や野津道貫などの陸軍のお歴々があと三十年ほど遅く生まれていたら、恐らく彼らは大将になることはなかったであろう。なぜなら、彼らが陸軍士官学校在学中に優秀な成績を収めるとは思えないし、場合によっては陸軍士官学校への入学すらむずかしかったに違いない。

幕末維新に活躍した人物のなかでは、岩倉具視、大久保利通、木戸孝允、伊藤博文あたりならば、学科試験にも対応できそうだが、西郷隆盛、板垣退助、山縣有朋、大隈重信、坂本龍馬などの才能はしょせん学校のテスト程度では測りきれないであろう。異常事態に役立つリアリストをすくい上げるシステムを構築しきれなかったことが、世界の「一等国」となった大日本帝国の行く末を決定してゆくことになる。

明治三十八年十二月四日。

この日、陸軍大尉・島津久家を乗せた船が宇品港へ到着した。

その入港予定の午後五時に合わせて、遠く離れた都城の島津屋敷では旧臣らによる久家の凱旋を祝う神事が執り行なわれることになっていた。神前にはこの日のために新調した日本国旗が飾られていたが、その他はすべて従来の合戦の際の作法に則っている。当時の最新鋭兵器によって戦われたはずの日露戦争の凱旋式が、西洋流ではなく、古式ゆかしき神式で行なわれるとは、まさに都城らしい。

御相談人や家職たちは久家の一日も早い凱旋を望んでいたが、とうとう師走までずれこんでしまった。奉天入城後、日本軍は自分たちが戦闘で壊した箇所を修復し、そのうえ新たな道路も整備した。久家はそれらの工事作業に追われて、帰国が遅くなったのだ。

その旨を知らせる久家からのたよりに、旧臣たちは首をひねった。

薩摩武士である彼らにとって、戦争とは戦争行為と戦後交渉をさす。なぜ大尉にまで昇進した久家が、工事の現場監督のようなことに従事しなければならないのか、彼らにはさっぱり理解ができなかった。

なにはともあれ、久家はめでたく帰国した。

彼らにとって日露戦争は大日本帝国とロシア帝国の戦いではなく、久家の初陣だった。本当のことをいえば、彼らは少し不安であった。それというのも、今までの合戦では都城島津家当主には「日本一強い軍隊」である都城家臣団がついていたが、今回ばかりは殿様に付いてゆくわけにはいかなかったからだ。

どうなることかと思ったが、久家公は立派に勝利を収められた。彼らは声の限り叫ぶ。

「久家公万歳！」、「久家公万歳！」

大日本帝国万歳でも天皇陛下万歳でもなく、ひたすら久家公万歳！　と叫びまくる点が、まことに彼らしい。

お殿様が御国を救った、都城士族としてこれにまさる喜びが他にあるだろうか。彼らは口々にめでたいめでたいと言いかわし、深夜十二時過ぎに家路へと就いた。

終章　帰還

昭和二十（一九四五）年十月二十六日、都城。

都城島津家第二十八代当主・島津久厚《ひさあつ》を乗せた列車はいよいよ日豊《にっぽう》本線都城駅に近づいてきた。プラットホームに降り立った彼の後ろには、妻・穣子《しげこ》、母・恭子《きょうこ》、女中・まさが続く。一行はそろってリュックを背負い、長旅のためかやや疲れた顔を風にさらしていた。

この時久厚は二十七歳、学習院高等科から東京帝国大学農学部農芸化学科を経て陸軍技術将校となり、戦地に出ることなく薄暗い研究室の隅でフラスコを振りながら終戦を迎えた。

〈これまでの職業であった陸軍技術将校という仕事もなくなり東京にいても何もやることもない。あの混乱期だからこれからどのように生きてゆくかも分からない。当然行きつくのは都城に帰ることになる〉（『思い出すまま』）

彼らはしきりとあたりを見回すが、迎えの人影はない。

久厚は都城の事務所宛てに帰宅の日時を告げる電報を打っていたが、通信状況が悪いために届かなかったようだ。大荷物をかかえて途方に暮れる一行に、どこで話を聞きつけてきたのか、都城警察署長がやってきて声を掛けてきた。彼は一家の無事を喜ぶ言葉を繰り返し、自宅まで公用車で送ってくれた。

車窓から眺める故郷の荒廃ぶりは、久厚の想像を遥かに超えていた。

日露戦争後、都城には歩兵第六十四連隊が設置され、武士の王国は軍都として繁栄を誇る。大正十四年に歩兵第六十四連隊が廃止されると引き続き歩兵第二十三連隊が転営、都城盆地は日本軍の膨張とともに発展してゆく。それゆえに第二次世界大戦末期の都城は日本の中でもきわめて危険な地域となってしまう。

昭和十九（一九四四）年十月、アメリカ軍がフィリピンのレイテ島に上陸し日本軍の敗色が濃くなると、政府内では本土決戦を念頭に置いた作戦変更を迫られることになる。南方から進軍してくるアメリカ軍を迎え撃つとなると南九州は国防の要、都城は最重拠点の一つ。

南九州防衛を担当した第五十七軍は司令部を鹿児島県曽於《そお》郡財部《たからべ》町城山に置き、隣接する都城には多数の軍直部隊が配置され、各学校はその宿営地となった。

そのうえ都城には特攻基地があった。

特攻基地といえば鹿児島県の知覧があまりにも有名であるが、都城でも三つある軍用飛行場から陸軍特攻機が飛び立っていった。

『都城市史』によれば、都城基地から出撃した特攻隊は全部で十隊、七十九名である。都城基地では通称「疾風《はやて》」と呼ばれていた陸軍四式戦闘機を使用していた。これは当時の最新鋭の機種であったが構造上整備がむずかしく、そのため離陸時の方向維持がうまくいかず、不時着や離陸後の故障で引き返す例もあったという。特攻機の援護・誘導には第百飛行団や第二十一飛行団があたった。

かくして、都城は一つの軍事都市と化した。

町にはおびただしい数の軍人が隊列を組んで歩き、その側を軍用車両が行き交う。特攻機やそれを援護・誘導するための飛行隊が緑の盆地に影を落とすや、爆音とともに遥か彼方へ消えてゆく。

都城がこのような状況になっていることを、久厚は知らなかった。

戦争末期、都城島津家は東京を離れて都城へ疎開をしようと考えたが、都城の事務所から危険だからと断わられた。都城の人々は東京が火の海になっているのを知らないからそのようなことがいえるのだ、と久厚は困惑したものだが、事情を知らなかったのはむしろ彼の方だった。

久厚を乗せた公用車は、焼け野原となった市街地を走ってゆく。

軍都・都城への空襲は三月から始まり終戦までに二十回ほどを数えた。ことに広島に原子爆弾が投下された八月六日の空襲は大規模だったという。市街地や工場地帯を焼きつくし、火焰の下に逃げ惑う市民の悲鳴が盆地中に響き渡った。この空襲で被災した人は一万七百二十八名、死者八十六名、負傷者四十三名とされているが、被害者が含まれていない町もあるために実際の数はさらに多い。これがあの美しい都城盆地なのか、久厚は悪い夢を見ている気がした。

やがて懐かしい門の前に立った。

「ただ今帰りました！」

久厚の声が響くが駆け出す人はいない。見渡せばどうしたことか、家職や女中が総出で門の入り口にある借家を熱心に掃除しているではないか。家を覗き込んだ久厚に一同ははっと驚いた表情を見せた。

「お帰りなさいませ」

次の瞬間、一同は口々に叫び、小さな家から転げ出てきた。よく生きて再び会えたものだ。おたがい、手を握り合い言葉すら出てこない。とにかく荷物を置かなければと、久厚は家へ向かおうとした。すると家令の土持幸平はあわててそれを制止し、

「まずは、こちらへお入りください」

先ほど掃除をしていた小さな借家を指差すではないか。なにがなんだか分からない一家を借家の中へと押し込むと、戸を締め切り小さな声で土持はこう切り出した。

「お屋敷には入れないのです」

十月九日から都城島津家の本宅には、積兵団（第八十六師団）の師団長・芳仲和太郎《よしなかわたろう》中将が滞在していた。

積兵団は志布志湾沿岸からのアメリカ軍の上陸に備えて配備された部隊で、司令部は当初都城にあったが、その後鹿児島県曽於郡松山村（現在の鹿児島県志布志市）へ移転した。終戦を迎えて松山から去るにあたり芳仲中将は請われて「神州不滅」日本は滅びないとの文字を記す。その文字は碑に刻まれ、現在も残されている。

松山撤退後、積兵団は都城へ入った。都城にアメリカ軍の先遣隊が入るのが十月十九日なので、両者の間で軍務の引き渡しなどがあったのかもしれない。ちなみに本格的な進駐は十一月五日以降のことになる。

芳仲中将が都城に入るというのに、都城には適当な宿がない。相次ぐ空襲で主だった施設は軒並み被害を受けていた。そこで目を付けたのが無傷であった都城島津家である。土持は断わりたかったが、他にふさわしい場所がないため引きうけることになった。

元陸軍技術大尉・島津久厚にとって遥か雲の上の存在である芳仲中将に遠慮しながら、

自宅の庭先の小さな家で新生活を始めた。

やがて連隊が都城を出てゆく前日、芳仲は一家を招いて晩餐会を開く。招くといっても、芳仲の宿舎は都城島津家なのだから、店子が間借りしていた家に大家を招くということになる。見なれた我が家のテーブルの上には、料理番の兵士が作った心づくしの料理が、島津家伝来の食器に盛りつけられて並んでいた。

本多子爵家（旧膳所《ぜぜ》藩主）出身の久厚の妻・穣子はこの時まだ二十歳、彼女の視線は口取りとして出された、小さなかわいい達磨《だるま》に釘付けとなった。それはゆで卵の黄身をまだやわらかいうちに達磨の形にし、そこへ食紅でぽっちりと目をつけたものだった。彼女は料理番の兵士の遊び心に驚いた。

「本日までお世話になりました。皆様のご健康を祝して乾杯！」

芳仲がグラスを挙げると、一家もそれに従う。都城島津家のグラスが涼やかな音を立てて、あちらこちらで重なった。

十二月五日、何台もの軍用車が門から出て行った。

誰もいなくなった我が家に、一家はおそるおそる足を踏み入れた。兵士たちが丁寧に掃除をしていったのであろう、部屋も廊下もチリ一つ落ちていない。

久厚の母・恭子が庭に面した大広間の前の硝子戸をするすると開くと、部屋の中には新鮮な朝の空気が入ってきた。こうして、一家の戦争はやっと終わりを告げた。

自分はこれからどのように生きてゆくべきなのか、冬を迎えようとする都城盆地の中で、久厚は自問自答を繰り返した。

三歳の時に父・久家が丹毒症により急逝してからのち、久厚は御相談人を核とした旧臣たちが敷いたレールの上を歩んできた。彼らが久厚に授けた教育方針のなかで最も特徴的なことは、家族と離れて小学校時代を都城で過ごすというもの。久厚の教育方針の真ん中に、都城への帰郷を据えたのは御相談人の上原勇作だった。

〈その理由はいろいろあったろうが、後になって聞くところによれば、一つには母や女の姉妹の中で暮らさせたのでは男らしいところがなくなるおそれがある。そのためには家から離して男の多い家庭で教育するのがよいという事。第二には郷里の都城に親しみを持つためには東京に居たのでは駄目で、都城に帰ってそこで教育を受けるべきだという事などがその理由であったようである〉(『思い出すまま』)

二つの理由が挙げられているが、後者のほうが大きいだろう。もし前者のみが理由であれば久厚を他家に預ければ済むことで、わざわざ都城へ帰郷させる必要はない。都城島津家の当主となった久厚が都城へ帰って教育を受けるべきだという決定は、薩摩武士の本質が何であるかをよく示している。

繰り返すが、薩摩武士は領主から賜った土地に命を懸けるという、中世の武士の面影を引きずっていた。彼らにとって土地は武士の矜りそのもの、武士の生き様と一体化したものであった。

都城島津家の力の源泉は都城の土地、都城島津家の当主が念頭に置くべきことは都城を豊かにすることだ、と上原は考えていた。

久厚が真の意味で都城島津家の当主となるためには、都城盆地に根を下ろすことが何よりも肝心だ。都城盆地に根を下ろすというと大げさに聞こえるが、なにもむずかしいことではない。都城の空気を吸い、清らかな川の水を飲み、野山を駆け巡り、都城の言葉を自由に操れる。要は、都城の土地と一体化すればそれでよい、これが上原ら旧臣たちによる久厚の都城留学計画の骨子だった。

あと数年で昭和となるこの時期に、幼い当主を中世流の「殿様」に仕立て上げようという彼らの教育方針には恐れ入るばかり。

この計画に、久厚の母、未亡人の恭子は猛反発した。

恭子は南部伯爵家（旧盛岡藩）の出身。同家は島津家と同じく中世期から続く大名華族屈指の名家で旧弊な家風であったが、恭子はお茶の水高等師範学校付属女学校在学中には、和服に袴の女学生スタイルでリボンを揺らしながらテニスコートを下駄で走り回るというような青春時代を過ごす。

近代の御姫様は周囲の意見に黙って従うようなことはしない。女親には男の子は任せられないという旧臣たちの心配を払拭せねばと、恭子は三人の姉とは別に、一人息子の久厚をことさらに厳しくしつけたという。

自分の子どもは自分の手で育てたい。

恭子の言い分はもっともなことだ。近代に入ると大名家でも子どもの教育は両親が主導的に行なうのが普通だ。旧臣たちの意見が反映される場合もあるにはあったが、それはあくまでも親の側から依頼されて知恵を貸したまでのこと。一般的な常識に照らし合わせれば、久厚の教育もまた母親の恭子を中心に久家の実家・北郷家や、恭子の実家・南部家の関係者が話し合うというのが、御一新以後の「普通の方法」だった。

しかしそのような近代的な流儀が都城島津家の旧臣たちに通用しないことはいうまでもない。最終的に恭子も折れないわけにはいかなかった。

彼らは久厚が帰郷した場合の御世話係として、元家老で久家の御世話係であった津曲兼綜夫妻の息子の豊麿《とよまろ》に白羽の矢を立てる。彼は一高から東大へ進み、当時は検事として活躍していた。上原らに手を合わせて頼みこまれた豊麿は久厚公の御教育という大目標を達するため、築き上げたキャリアをあっさり捨て都城島津家の家令となり、一家をあげて都城へ移り住む決心をする。

津曲兼綜夫妻が祖父母、豊麿夫妻が両親、彼らの子どもたち（三男、四男、五男、六男、長女）が兄弟という役回りになり、都城の屋敷で久厚とともに暮らす。津曲家の子

島津久厚・穣子夫妻の結婚写真。最前列左から三人目が母・恭子。

どもたちまでもが、久厚のために都城へ移り住むのだから大変だ。都城島津家の屋敷内には本宅とは別に、久厚と津曲一家が暮らす別棟が新築されることになった。

当時の大名華族を見渡してみても、津曲豊磨ほどに社会的地位がある者が自分の仕事を捨ててまで家令になる事例はきわめて少ない。津曲家の献身はまさに時代錯誤の一言に尽きる。私たちからすれば津曲家の行為は自己犠牲に見えてしまうが、彼らにはそのような大それた意識はない。

かつて都城島津家の祖・資忠は従士十余人を率いて現在の都城へ乗り込み、館を構えた。この時資忠に従っていた者の一人が、津曲家の祖先である。それから約五百五十年、津曲家には家老として都城島津家の繁栄を担ってきた自負があった。幼い当主を戴き主家がこれほど困っている時に、元家老家出身の自分がお助けせずして誰がお助けするというのか。

両家の間柄は主従というより、家族の領域の繋がりと考えたほうが自然なのかもしれない。津曲家の決意を目の当たりにした恭子は、やっと久厚を旧臣らの手に委ねる決心を固めた。

このように人生の要所要所で旧臣たちの手を借りてきた久厚であったが、結婚して一家を構えたからには、今までのように周囲に甘えてばかりはいられない。されど先の見えない時代の中で、これだという名案も浮かばない。日々、ため息の数だけが増えていった。

昭和天皇の人間宣言で幕を開けた昭和二十一(一九四六)年は、財産税法と農地解放により都城島津家にとって大波瀾の一年となった。

財産税法は三月三日午前〇時時点の個人の財産の全額に税をかけるもので、上流階級を狙い撃ちにした累進課税方式により、五百円から千五百万円を保有する者は全財産の八十五パーセント、千五百万円以上はなんと九十パーセントを税金として支払う。大名華族の多くが、財産のほとんどを失った。都城島津家も例外ではない。

〈これを払うために長田山林の俗称官行造林という山の立木を二百五十万円程で売却したり、東京の加賀町の二千坪の土地を七十万円(わずか七十万円!)で売却したのである。この税を払うために売却した収入にさらに税金が来るのでさらに俗称「内の木場」

山林の立木を売却したりで大分後遺症が出た〉（『思い出すまま』）
　後になって久厚はこの時の山林処分の方法を反省している。
〈インフレが強く進行していた当時では、木材価格の上昇が極端で、その為に（筆者註・久厚が木材を売却した）溝口林業は莫大な利益を挙げたと云われている。したがって、この山を小さく区分して順次売却して行ったならば、さらに大きな収入を得たであろう〉
〈当時は強度の金融統制の時代とは云いながら自ら借金をして、事業を行ったならば被害はずっと少なくて済んだと思われるが、それまで自分で事業をしたこともなかったので、そのような才覚は出て来なかったし、税金の額にただびっくりして、何とか早く払ってしまわなければと焦った面も強かったように思っている〉（同上）
　さらにここへ農地改革が重なった。
　農地解放は当初不在地主の農地所有を認めず、在村地主の小作地を制限する形で行なわれたが、在村地主の小作地も一町歩（北海道は四町歩、一町歩は約一ヘクタール）に制限され、残りを政府が強制的に買い上げて、市町村ごとの農地委員会を通じて小作に廉価で売却した。
〈当時島津家で所有していた田畑はどれくらいあったか正確には記憶していないが、だいたい田が百ヘクタール、畑が七十ヘクタールくらいではなかったろうか。（中略）買収するとは云いながら大まかに云って反当たり七十円くらいのものであるからそれも現金ではなく農地証券での買収であるので、当時の一日一日と騰貴するインフレーションの中では、まさに紙っぺら一枚ということであった〉（同上）

薩摩武士は「一所懸命」を信条とする中世武士の生き残りで、彼らにとって土地は武士の矜りそのもの、武士の生き様と一体化した存在であった。

地租改正により城下士が土地から切り離されても、給地に頼らず自作の農地を所有していた都城士族は、緑輝く盆地の中で彼らだけの小宇宙を守り続けてきた。農地解放は、西南戦争で滅亡したはずの中世武士の最後の砦・都城の在り方を根底から覆すものであった。

税金という名目で洪水のように出てゆくカネに頭を悩ませながら、明日の見えない暮らしの中でいつしか久厚は農作業に精を出すようになる。

厳しい経済状況とはいえ、久厚自身が鍬を握らなければならないほど都城島津家は困窮してはいなかったが、とにかく何かしなくてはという気持ちが彼を突き動かしていた。

幸い彼は学習院時代から柔道に打ち込み、体力には自信があった。近視であったために陸軍士官学校の受験を諦めたが、そうでなければ久厚は文弱な輩の集まる東京帝国大学などには入学しなかっただろう。それはさておき、久厚は自ら肥担桶《こえたご》を担ぎ、田畑で汗を流した。

都城の空気を吸い、清らかな水を飲み、緑の大地に触れていると久厚の内部に眠る野性の血が次第に目覚めてゆく。彼は自分の身体に活力が蘇ってくるのを感じた。

昭和二十二（一九四七）年一月久厚は製材工場を竣工、四月には丸十産業株式会社を設立し社長に就任した。

〈この会社を設立した理由は、一つには島津家の山林から生産される材をさらに付加価値をつけようということであったが、この理由以外にも、当時は農地解放に続いて山林解放が相当に声を大にして論議されていた時代であったので、万一山林解放で山林を取られた場合に備えて、島津家として何か事業を持っていないとこまるだろうということを考慮してのことであった〉（同上）

結局山林解放は実施されなかったために、戦後の都城島津家の事業は林業や茶業を核に多角的に発展してゆくことになる。

その際久厚を支えたのは旧臣たちと、都城留学時代の友人たちだった。

上原はこのような事態を予測していたわけではなく、故郷の雰囲気を身につけさせる意図で久厚を都城へ送り込んだ。そのことが予想もしない形で、久厚や都城島津家を救うことになった。

時代の潮目を読んだわけでないが、結果的には思わぬ駒を置いていたことになる。時代からずれていた、それゆえに時代に先んじた。私たちが本書で繰り返し眺めてきた薩摩武士の特異性は、第二次世界大戦を終えても健在だった。

ある日、久厚のもとを御相談人の財部彪《たからべたけし》が訪れた。財部は衆議院議員となった肥田景之の従兄弟で、父・実秋《さねあき》は都城精忠組の一員として幕末に活躍した志士の一人だ。海軍兵学校から海軍大学へ進み、薩摩閥の山本権兵衛の女婿となる。一九三〇年のロンドン軍縮会議で軍部の反対を押し切り条約を成立させたために、海軍大臣を五回も務めた割に晩年は不遇であった。

八十歳を前にして祖国の敗戦を目の当たりにした財部は、さぞ気落ちしているかと思いきや、事実はまるで逆。むしろますます意気軒昂《いきけんこう》という様子なのだ。

〈日本の将来はけっして望みのないものではない。外国の例を見ても特に欧州などにおいて武力的には小国であるのに世界の外交面で大きな役割を果たして、各国の尊敬を受けている国がある。日本もそのような国になれるし、またならなければならない〉(同上)

占領下の日本にあって、国際社会における日本の未来像を明るく語ってみせる財部に、久厚は目を開かされる想いだった。薩摩武士は海を介して国際力学の上に立つ外交を学んできた。財部の語る日本の未来像は、その後の経済大国日本を予見しているようでもあり、かつて南の海に滅びた貿易立国・薩摩の姿を想起させるようでもある。

このように壮大な物語を思い描く財部が、日本の未来のために自分の人脈を生かして国際的な活動を再開させたのかといえば、まったくそうではない。

財部は都城の復興を願い、久厚らと都城盆地振興会を結成する。

彼らは夜毎に都城島津家邸に集まり、地域の発展について話し合った。財部が国際的な視野に立ち日本の未来を考えるのも、彼らの楽園である都城の繁栄を願うため。自分の土地は自分で守る。世の中がどのように変わろうとも、あくまでも彼らは彼らの流儀を貫いてゆく。

都城士族は室町幕府、織豊政権、江戸幕府の滅亡を横目で見てきた。いまさら大日本帝国が崩壊しようが、どれほどのことがあるだろうか。国家がどうであれ都城は都城、緑輝く盆地のなかで生き抜いてゆくまでだ。

早朝、丸十産業株式会社社長・島津久厚を乗せたトラックが、山林へ向かうために屋敷の門を出ると、たちまち乳白色の朝霧が車体を包み、目を凝らせど数メートル先も見えない。まるで雲の上に浮かんでいるかのようだ。

この道は藩政改革により先々代当主・久寛が都城を去る折、幼い彼の駕籠《かご》を追って領民たちが駆け抜けた道。この道は先代当主・久家の葬儀に二万人もの人々が棺を見送った道。その道を久厚は社員とともにトラックでそろりそろりと進んでゆく。気がついた者は帽子を取り挨拶するが、ほとんどの者はトラックの中に久厚が乗っているとは思わず、顔すら上げない。

目的地に到着すると、木々の生育を確かめるために久厚は地下足袋を穿いて山を歩き回る。

ひんやりとした空気が久厚を迎えた。どのくらいの時間が経過しただろうか、ふと顔を上げると、木々の間から一筋の光が久厚の足元に落ちた。

かつて久厚の先祖はわずかな人数の配下を率いて、この土地へ乗り込んできた。それから約六百年もの間、都城島津家は緑の陣地を着実に広げていった。薩摩武士にとって土地は武士の矜りそのもの。彼らが理念よりも現実を重視するリアリストであったのも、形ある土地を拠り所としていればこそ。緑輝くこの盆地は都城島津家の原点であり、力の源泉である。この盆地にほんのわずかでも土地が残されていれば、都城島津家の復活は十二分に可能だ。戦争で久厚が失ったものは何もない。都城の大地に根付いている限り、すべては彼の手中にある。

都城盆地を包んでいた朝霧は、太陽が昇ると日差しに溶かされて一瞬にして消える。それにつれて空気が暖められ、急速に温度が上がってゆく。さきほどまで薄暗かった山林はそこかしこの枝から光がこぼれ、いつの間にかすっかり明るくなってきた。地下足袋を穿いた久厚は大きく息を吸い込むと、一歩また一歩と山道を歩きだした。

あとがきにかえて

本書の主人公・都城島津家の菩提寺である龍峯寺を私が初めて訪れたのは、七月半ばの蒸し暑い昼下がりのことだった。

「ここがそうですよ」

運転手に促されてタクシーを降りた私は思わず周囲を見渡した。南北朝時代から続く領主家の菩提寺ということで、立派な門構えの荘厳な寺院を想像していたのだが、それらしき建物どころか門さえ見当たらない。

「ほら、ここから上にずっとお墓が続いているでしょ」

窓から顔をのぞかせた運転手の白い手袋の指差す先には、確かに小高い丘の背に張り付くように古い墓石が並んでいた。明治維新の際この地にも廃仏毀釈《はいぶつきしやく》の激しい嵐が吹き荒れ、龍峯寺ですら例外とはならなかったという。以来寺が再興されることはなく現在に至っている。つまりここはかつて寺のあった跡地であり、今はそこに歴代領主や家臣たちの墓のみが安置されているということになる。都城の人々はこの場所を、敬意をこめて島津家墓地と呼ぶ。

龍峯寺は都城島津家第八代当主・忠相（生年不詳～永禄二［一五五九］年）が、母（豊《ほう》州家《しゅうけ》島津季久《すえひさ》の娘）の菩提を弔うために創建したといわれており、その後都城島津家の菩提寺となった。戦国時代のことである。

丘の上部が都城島津家当主の墓所で、上に行くほど時代が新しい。その手前、丘の中腹には上級家臣団の献じたおびただしい石塔群がある。石塔とは御霊を祀る場所。つまり石塔一つ一つに家臣の魂が宿り、死後も主人とともに眠っているということになる。さらに手前、丘の下部には家臣団の墓所が配置されていた。

墓地の右端には参詣者のためと思われる細く急な小道が丘の上へと続いている。つい先ほどまで降っていた雨をたっぷり吸い込んだ地面はぬかるみ、私はハイヒールを気にかけながら歩き出した。まだ午後二時を過ぎたばかりだというのにあたりは暗い。両側から木々が枝を伸ばし風に揺れていた。

あともう数歩で丘の上だ、その時だった。私の足元から急に黒い影が飛び立つ。小さな悲鳴を上げながら小道を駆け上がると、そこには驚くべき光景が広がっていた。

無数の黒い蜻蛉《とんぼ》が低く高く飛び交う、私の足元から飛び立った黒い影の正体もこれだった。

丘の上は色彩のない世界だ。

むき出しの土に無造作に置かれた苔むした墓石。その上をおびただしい黒い蜻蛉が飛んでいる。私はそれまで黒い蜻蛉を見たことがない。私は虫が大の苦手なのだが、自分でも驚くことに蜻蛉の群れに向かってすっと手を差し出していた。黒い蜻蛉は動いてはいるものの、なぜか作り物のように見えた。

やがて一匹の蜻蛉が私の手の甲に止まった。蜻蛉は身が黒、翅はグレー。繊細なレース模様の影が手の甲に落ちた。

セピア色の映画の中に入り込んでしまったような不思議な感覚のまま、私は墓に向かって手を合わせた。身をかがめる私の周りを黒い蜻蛉が幾重にも取り巻いた。

それはこの世のものとは思われない、ため息が出るほどに美しい光景だった。

名残惜しかったが他にも予定があったので、私は後ろ髪を引かれる思いで丘の上から下界へと降りた。タクシーに乗り込むや否や運転手に、

「このあたりの蜻蛉は黒いんですね。とてもきれいです」

と、やや興奮気味に話しかけた。

ところが、これに対する運転手の返事は思いがけないものだった。

「私はずっとここに住んでいますけど、黒い蜻蛉なんて見たことないですよ」

しかし私は確かにこの目で見た。この時になって私はカメラを持っていかなかったことに気がついたが、後の祭りだった。その後、私は会う人毎に黒い蜻蛉の話をしたのだ

が、誰もみな首を振り、見たことがないと繰り返す。

あれは、幻想だったのだろうか。人影のない墓地に一人でいるという軽い恐怖心から、我知らず普通の蜻蛉を見誤ったのかもしれないと、私は結論づけた。

帰京して間もなく、私は報告もかねて島津先生ご夫妻にお目にかかった。話の合間に黒い蜻蛉を見誤った顚末を話し出すと、穣子夫人は懐かしそうに目を細め、

「あの蜻蛉は農薬に弱いから、このごろはいなくなってしまったの」

と言い出すではないか。

ご夫妻の話を総合すると、黒い蜻蛉は以前都城でよく見かけたが、環境の変化に弱い種なので農薬に追われていなくなってしまったのだという。

黒い蜻蛉は幻ではなかった。

話を続けるご夫妻の声が段々と遠ざかり、私の脳裏には墓地に飛び交う無数の黒い蜻蛉の、この世のものとは思われないほど美しい光景がはっきりと浮かんできた。

環境の変化についてゆけず平地から追われた黒い蜻蛉が、最後の最後に見出した居場所が旧領主の墓地であったことは偶然なのだろうか。私には黒い蜻蛉と廃藩置県後も変わらずに旧領主に仕え続けた都城の人々の姿とが重なってみえた。

幕末・維新を駆け抜けた都城精忠組の面々、西南戦争後の都城島津家を導いた肥田景

之、華族となった都城島津家を支え続けた上原勇作、一家をあげて主家に尽くした元家老の津曲家、戦後の展望を示した財部彪……、『都城島津家日誌』を通して知った多くの人々の名前が浮かんでは消え、浮かんでは消える。

丘の上の領主の墓所を守るように、家臣団の石塔や墓所が取り囲んでいる島津家墓地は、まるで山城のようだ。今日もまた訪れる人もないあの墓地で、黒い蜻蛉たちは旧領主の墓の周りを飛んでいる。そう思うとなぜか私は心の底から哀しくて切ない気持ちにとらわれた。

『都城島津家日誌』を書きたい、私はその時強くそう感じた。

主要参考文献

○全体にかかわるもの

『明治に於ける都城島津家日誌』、『大正に於ける都城島津家日誌』、『昭和に於ける都城島津家日誌』川越明編集、島津久厚発行、一九八〇～八四年
『都城島津家列祖略史』島津久厚著・発行、一九六四年
『思い出すまま』島津久厚、鉱脈社、一九九一年
『都城市史　通史編　中世・近世』『都城市史　通史編　近現代』都城市史編さん委員会編、都城市、二〇〇五～六年
『明治天皇紀』宮内庁編、吉川弘文館、一九六八～七七年
『史談会速記録』（復刻版）史談会、原書房、一九七一～一九七五年
『遠い崖　アーネスト・サトウ日記抄』萩原延壽、朝日文庫、二〇〇七～二〇〇八年

○第一章

「都城島津家史料の朝鮮国王国書と野辺・向井氏」新名一仁、『市史編さんだより　都城地域史研究』第十二号、都城市立図書館市史編さん係編、宮崎県都城市、二〇〇六年
『周縁から見た中世日本』（日本の歴史／十四）大石直正・高良倉吉・高橋公明、講談社、二〇〇一年
『東アジアのなかの日本文化』村井章介、財団法人放送大学教育振興会、二〇〇五年
『境界をまたぐ人びと』（日本史リブレット／二八）村井章介、山川出版社、二〇〇六年
『中国の海商と海賊』（世界史リブレット／六三）松浦章、山川出版社、二〇〇三年

『海と帝国　明清時代』（中国の歴史／〇九）、上田信、講談社、二〇〇五年
『琉球と日本・中国』（日本史リブレット／四三）紙屋敦之、山川出版社、二〇〇三年

○第二章

『幕末の薩摩　悲劇の改革者、調所笑左衛門』原口虎雄、中公新書、一九六六年
『薩摩民衆支配の構造　現代民衆意識の基層を探る』中村明蔵、南方新社、二〇〇〇年
『西郷隆盛と士族』落合弘樹、吉川弘文館、二〇〇五年
『回顧録』牧野伸顕、文藝春秋新社、全三巻、一九四八―四九年
『島津義弘の賭け』山本博文、中公文庫、二〇〇一年
『関ヶ原合戦　戦国のいちばん長い日』二木謙一、中公新書、一九八二年
『関ヶ原合戦　家康の戦略と幕藩体制』笠谷和比古、講談社学術文庫、二〇〇八年
『織豊政権と江戸幕府』（日本の歴史／一五）池上裕子、講談社、二〇〇二年

○第三章

「島津久光と島津斉彬との関係及び文久二年久光上京の趣意」菊池則常談（続日本史籍協会叢書『維新史料編纂会講演速記録　二』日本史籍協会編、東京大学出版会、復刻版・一九七七年）
「故薩摩藩士中山中左衛門君の国事鞅掌の来歴附三四話」市来四郎談（『史談会速記録』第十九輯、前掲）
「都城勤王諸士遭難実歴附二九話」肥田景之談（『史談会速記録』第二百二十六輯、前掲）
『島津久光と明治維新　久光はなぜ討幕を決意したのか』芳即正、新人物往来社、二〇〇二年
『島津久光公実記』（続日本史籍協会叢書）日本史籍協会編、東京大学出版会、復刻版・一九七七年
『久光公記』福地源一郎、日報社、一八八九年
『西郷隆盛　西南戦争への道』猪飼隆明、岩波新書、一九九二年

『西郷隆盛』井上清、中公新書、一九七〇年
『大久保利通と明治維新』（歴史文化ライブラリー／四五）佐々木克、吉川弘文館、一九九八年
『大久保利通』（幕末維新の個性3）笠原英彦、吉川弘文館、二〇〇五年

○第四章

『薩藩海軍史』（明治百年史叢書）公爵島津家編纂所編、原書房、一九六八年
『一外交官の見た明治維新』アーネスト・サトウ著・坂田精一訳、岩波文庫、一九六〇年
『代表的日本人』内村鑑三著・鈴木範久訳、岩波文庫、一九九五年
『武士道』新渡戸稲造著・矢内原忠雄訳、岩波文庫、一九三八年
「都城勤王諸士の事歴」肥田景之談（『史談会速記録』第二百八十輯、前掲）

○第五章

『都城と戊辰戦争』籠谷真智子、島津久厚発行（非売品）、一九六八年
『戊辰戦争』（戦争の日本史／十八）保谷徹、吉川弘文館、二〇〇七年
『開国と幕末変革』（日本の歴史／十八）井上勝生、講談社、二〇〇二年
『近代日本の陽明学』小島毅、講談社選書メチエ、二〇〇六年
『昔夢会筆記　徳川慶喜公回想談』渋沢栄一編・大久保利謙校訂、東洋文庫、一九六六年
『徳川慶喜公伝』渋沢栄一著・藤井貞文解説、東洋文庫、一九六七～一九六八年
「都城勤王諸士の事歴（続）」肥田景之談（『史談会速記録』第二百八十一輯、前掲）

○第六章

『人類の星の時間』（みすずライブラリー）シュテファン・ツヴァイク著・片山敏彦訳、みすず書房、一九九六

年
『オーストリア外交官の明治維新』アレクサンダー・F・V・ヒューブナー著・市川慎一・松本雅弘訳、新人物往来社、一九八八年
『ミカド―日本の内なる力』W・E・グリフィス著・亀井俊介訳、研究社出版、一九七二年
『明治国家と地域社会』大島美津子、岩波書店、一九九四年
『廃藩置県 「明治国家」が生まれた日』勝田政治、講談社選書メチエ、二〇〇〇年
『西郷隆盛全集』西郷隆盛著・西郷隆盛全集編集委員会編纂、大和書房、一九七六〜一九八〇年
『華族制度資料集』霞会館諸家資料調査委員会編、吉川弘文館、一九八五年
『霞会館百三十年の歩み』霞会館華族資料調査委員会編、霞会館、二〇〇四年

○第七章

「男爵西五辻文仲談話速記」西五辻文仲談（『臨時帝室編修局史料「明治天皇紀」談話記録集成』第三巻、堀口修監修・編集・解説、ゆまに書房、二〇〇三年）
「史伝逸話」岡谷繁実談（『史談会速記録』第二百六十八輯、前掲）
『維新の構想と展開』（日本の歴史／二〇）鈴木淳、講談社、二〇〇二年
『明治国家の建設 一八七一〜一八九〇』（日本の近代／二）坂本多加雄、中央公論社、一九九九年
『NHKスペシャル明治 3 税制改革と政治参加、真価が問われる構想力』NHK「明治」プロジェクト編著、日本放送出版協会、二〇〇五年
『秩禄処分―明治維新と武士のリストラ』落合弘樹、中公新書、一九九九年

○第八章

「磯島津家日記」「丁丑擾乱記」「丁丑擾乱実記」他（『鹿児島県史料 西南戦争』鹿児島県維新史料編さん所編、

鹿児島県、一九七八〜一九八〇年）
『西南記伝』（明治百年史叢書）黒龍会編、原書房、一九六九年
『公爵山縣有朋伝』（明治百年史叢書）徳富蘇峰編述、原書房、一九六九年
「西郷隆盛君の逸事　附十三話」寺師宗徳談（『史談会速記録』第八十四輯、前掲）
「都城勤王諸士の事歴（続）」肥田景之談（『史談会速記録』第二百八十三輯、前掲）
「西郷南洲逸話」重野安繹（『尚友ブックレット　憲政資料シリーズ　第九号』尚友倶楽部調査室編、尚友倶楽部、一九九八年）
『征西従軍日誌　巡査の西南戦争』喜多平四郎著・佐々木克監・解説、講談社学術文庫、二〇〇一年
『西南戦争　西郷隆盛と日本最後の内戦』小川原正道、中公新書、二〇〇七年
『西南戦争　戦争の大義と動員される民衆』（歴史文化ライブラリー）猪飼隆明、吉川弘文館、二〇〇八年

○第九章

「河野義克談（一）」（『貴族院職員懐旧談集』霞会館貴族院関係調査委員会編、霞会館、一九八七年）
『男爵物語　男爵家の成立と足跡の研究』学習院大学史料館編、昭和会館、二〇〇七年
『華族　近代日本貴族の虚像と実像』小田部雄次、中公新書、二〇〇六年
『華族誕生　名誉と体面の明治』浅見雅男、中公文庫、一九九九年
『白洲正子自伝』白洲正子、新潮社、一九九四年
『陸軍士官学校』山崎正男編・偕行社協力、秋元書房、一九六九年
『海軍兵学校　海軍機関学校　海軍経理学校』水交社協力、秋元書房、一九七一年
『逆説の軍隊』（日本の近代／九）戸部良一、中央公論社、一九九八年

○第十章

『ベルツの日記』トク・ベルツ編・菅沼竜太郎訳、岩波文庫、一九七九年
『金子堅太郎回顧録　日露戦争・日米外交秘録』石塚正英編、長崎出版、一九八六年
『世界史の中の日露戦争』（戦争の日本史／二〇）山田朗、吉川弘文館、二〇〇九年
『日露戦争史　20世紀最初の大国間戦争』横手慎二、中公新書、二〇〇五年
『歴代陸軍大将全覧　明治編』、『歴代陸軍大将全覧　大正編』、『歴代陸軍大将全覧　昭和編／満州事変・支那事変期』、『歴代陸軍大将全覧　昭和編／太平洋戦争期』半藤一利・横山恵一・秦郁彦・原剛、中公新書ラクレ、二〇〇九～二〇一〇年
『歴代海軍大将全覧』半藤一利・横山恵一・秦郁彦・戸高一成、中公新書ラクレ、二〇〇五年
『図説日露戦争』平塚柾緒著・太平洋戦争研究会編、河出書房新社、一九九九年
『写説日露戦争　「日本外交」総力戦』太平洋戦争研究会編、ビジネス社、二〇〇六年

注　参考文献が数章に関わる場合、初出のみ記載しました。
本文中の引用文については読者の便を考え、文字遣いを一部改めました。

本書は二〇一〇年八月、集英社インターナショナルより刊行された。

ちくま文庫

島津《しまづ》家《け》の戦争《せんそう》

二〇一七年十二月十日　第一刷発行

著　者　米窪明美（よねくぼ・あけみ）
発行者　山野浩一
発行所　株式会社　筑摩書房
東京都台東区蔵前二―五―三　〒一一一―八七五五
振替〇〇一六〇―八―四一二三
装幀者　安野光雅
印刷所　明和印刷株式会社
製本所　加藤製本株式会社

乱丁・落丁本の場合は、左記宛にご送付下さい。
送料小社負担でお取り替えいたします。
ご注文・お問い合わせも左記へお願いします。
筑摩書房サービスセンター
埼玉県さいたま市北区櫛引町二―六〇四　〒三三一―八五〇七
電話番号　〇四八―六五一―〇〇五三

ISBN978-4-480-43482-1 C0121